HERAUSGEGEBEN VON VOLKER WEIDERMANN

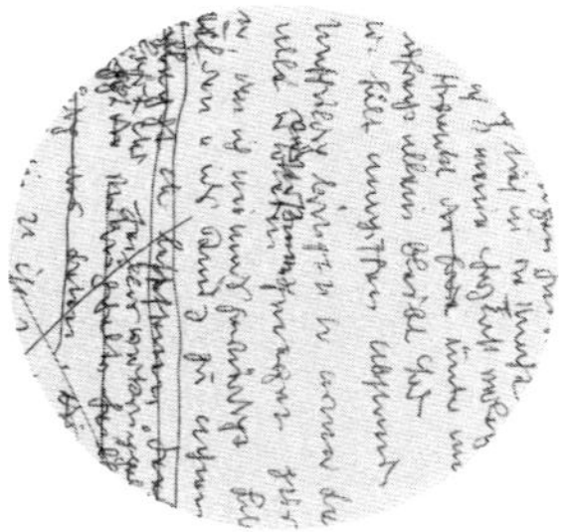

BÜCHER MEINES LEBENS

JENNY
ERPENBECK

ÜBER

CHRISTINE
LAVANT

KIEPENHEUER
& WITSCH

Ich stelle mir das sehr laut vor und turbulent, tröstlich und eigentlich auch ein bisschen lustig, wenn die Bücher in Jenny Erpenbecks Regalen eines Tages anfangen, miteinander zu sprechen. Was für eine Befreiung wird das sein, nach einem langen, stummen Leben Rücken an Rücken. So viel zu sagen und so lang geschwiegen.

Einmal bin ich mit Jenny Erpenbeck ihre langen Bücherreihen entlanggegangen in ihrer Wohnung im Prenzlauer Berg. Sie zog Buch auf Buch heraus und erzählte ihr Lesen und ihr Leben. Was eine lebendige Bibliothek ist, das habe ich an diesem Nachmittag erfahren. Jenny Erpenbeck lebt die Literatur, sie schreibt all die alten Bücher aus den Regalen in ihrem eigenen Leben fort. Schreibt auch fort, was ihre gleichfalls schreibenden Großeltern und Eltern begonnen hatten.

»Die Bücher sprechen, sie sprechen miteinander im Bücherregal, und sie sprechen miteinander in meinem Kopf«, schreibt Jenny Erpenbeck in dem Buch, das hier vor uns liegt. Es geht darin um das Lesen und was das mit uns macht, wie unser Leben

durch die richtigen Bücher von den Füßen auf den Kopf gestellt werden kann, wie wir mit Verzweiflungen umgehen lernen, wie man eine Kühle gewinnt und so die Einsamkeit und Todesnähe und Todesversuchung vielleicht verwandeln kann in etwas Geschriebenes. Es geht darin um das einsame, harte, immer wieder von Verzweiflungen umstellte, in Dichtung gestaltete Leben von Christine Lavant. Wie sie lebte, wie sie schrieb und wie ihr Schreiben Jenny Erpenbeck begleitet, erfüllt, ermutigt hat.

Jenny Erpenbeck ist vor vielen Jahren schreibend in die Welt getreten mit ihrer »Geschichte vom alten Kind«, in der sie ein Mädchen beschreibt, »umgeben von Nichts«, plötzlich in die leere Welt gestellt. Es ist eine der einsamsten Figuren, die ich aus der Literatur kenne.

Dieses alte Kind, so scheint es mir jetzt, ist eine späte, einsame Schwester der Christine Lavant, wie wir sie hier kennenlernen. Leise, aber gewaltig. Die über sich selbst und die Möglichkeiten ihrer Dichtung diesen ungeheuren Satz sagte: »Wenn ich dichtete, risse ich jede Stelle Eures Daseins unter Euren Füßen weg und stellte es als etwas noch nie von Euch Wahrgenommenes in Euer innerstes Gesicht.«

Was das alles bedeutet und bedeuten kann, das hat Jenny Erpenbeck hier für uns aufgeschrieben.

Volker Weidermann

1

Wann ist der richtige Moment, um ein Gedicht zu lesen?

Wenn der Bildschirm meines Computers flimmert und die Neuinstallierung eines sogenannten Treibers dreieinhalb Stunden dauert?

Wenn ich auf einem Flughafen warte oder auf einem Bahnhof, wenn ich in einem Flugzeug sitze oder in einem Zug?

Wenn ich in einem Hotelzimmer bin und zwischen Ankunft und Veranstaltung einen Nachmittag freihabe?

Wenn ein Termin ausfällt und ich in der unverhofft freien Zeit auch Anrufe machen könnte, das Formular für die Steuer ausfüllen, Fenster putzen oder einen Brief an einen Freund schreiben?

Wenn ich weiß, ich könnte auch diesen oder jenen Roman zu lesen beginnen, der schon seit Jahren auf einem Stapel zusammen mit anderen Büchern darauf wartet, von mir gelesen zu werden?

Warum sollte ich, wenn ich Prosa lesen könnte, ein Gedicht lesen?

Während der wenigen Minuten, in denen ich diese Zeilen geschrieben habe, sind in der rechten unteren Ecke meines Bildschirms ungefragt drei Fenster aufgeklappt. Zuerst ein Angebot für eine Software: »15 Euro – nur noch bis morgen.« Dann eine Anzeige »Sie haben neue Nachrichten«. Drittens ein blau-weißer Hinweis: »Es ist eine kostenlose Programmaktualisierung verfügbar.« Mit meinem Computer bin ich in der Welt, auch wenn ich mutterseelenallein an meinem Schreibtisch sitze. Was ist das für eine Welt?

Der Herbst legt, wie jedes Jahr, den Ausblick aus meinem Fenster schichtweise wieder frei, Baum für Baum wird gelb, wird kahl. Unten ist der allwöchentliche Flohmarkt, Geschirr gibt es da aus Haushalten, die längst aufgelöst sind, auch Fotoalben. Letzten Sonntag erst habe ich im Vorbeigehen eines in die Hand genommen und aufgeschlagen: *Mit meiner Inge im Harz – Juli 1953*, stand da in weißer Tinte auf dem schwarzen Fotokarton zu lesen, darunter war das Bild einer jungen Frau eingeklebt, die lächelnd auf einem Felsen steht. Hab weitergeblättert: Hochzeitsfotos, Kinderfotos. *Wir müssen alle sterben, das ist uns wohlbekannt,* habe ich gedacht und das Album wieder zurückgelegt, es nicht dem Vergessen entrissen, es nicht gekauft, die fremde tote Familie, die niemanden mehr etwas angeht, nicht zu meiner eigenen gemacht. Die, die wir lieben, werden uns verloren gehen. Und wir uns selbst. Und unsere Erdkugel ist ein einsamer Ball, hingehängt in einen riesigen schwarzen Raum.

2

»Gedichte mochte ich überhaupt nicht lesen, weil man dabei nicht stricken kann«[1], schreibt die österreichische Schriftstellerin Christine Lavant 1957 in einer biografischen »Selbstdarstellung«. Da ist sie knapp über vierzig und hat den größten Teil ihres Werkes – an die zweitausend Gedichte und tausende Seiten Prosa – bereits geschrieben. In einer der beiden Filmaufnahmen, die es von ihr gibt, sieht man, wie sie beim Lesen strickt. Die strickenden Hände in Bewegung unter dem Tisch, auf dem Tisch vor ihr ein dickes Buch und sie, die stark Kurzsichtige, mit der Nase direkt über den Seiten. Mit dem Stricken hat sie sich, und von ihrer Heirat an auch ihren Ehemann, den Landschaftsmaler und verarmten Gutsherrn Josef Habernig, erhalten. »Ja, und es ist so, dass ich froh sein muss, soviel Strickarbeit zu haben, obwohl mir dies die Nerven kleinweis zerhämmert, bis ich jede Nacht jeden einzelnen in mir frei zittern spüre, als bestünde ich aus lauter dünnen Fäden, die einmal ein Netz waren und nun lose winzige Stücke sind, und als hinge der Kopf in einem tanzenden Ballon. Aber das ist dennoch gut so, denn es hält die andere Pein – die des Nimmerkönnens in einem gewissen Abstand von mir.«[2] Des Nimmerkönnens. Als neuntes Kind eines Bergarbeiters und einer Flickschneiderin in einem kärntnerischen Straßendorf geboren, seit der Geburt von schwersten Krankheiten gepeinigt, immer am Rande des Todes, hat sie Erfahrung damit, auf der Kippe zu stehen. Körperlich – ebenso wie sozial. Geliebt von der Familie, ausgestoßen von den Schulkameraden, hat sie unter Schmerzen ihr Selbstbewusstsein entwickelt, hat wie besessen gelesen und schon als Zwölfjährige zu schreiben begonnen, aber ist sich auch später, nachdem sie für die Veröffentlichung ihres ersten Buchs den Künstlernamen Lavant angenommen und die erste Anerkennung als Autorin erfahren hat, ihrer gespaltenen Existenz bewusst geblieben. »Wenn ich nicht mehr dichten kann, dann habe ich auch nicht das Recht, Menschen zu treffen, welche ich als Chr. Lavant kennengelernt habe. Das ist doch klar? Was kann euch an dem armseligen Strickweiblein liegen? Mit diesem habt ihr gar nichts gemein. Dieses hat ein schlechtes, zusammengeschrumpftes Stück Leben, den abgenutzten Lappen eines von Haus aus wertlosen Lebens. Niemand von euch würde diesen Lappen auch nur mit Handschuhen anfassen wollen, so ist es.«[3]

Ab 1950 bekommt sie nach der ersten öffentlichen Lesung ihrer Gedichte, die die anwesenden anderen Schriftsteller und Künstler tief beeindruckt, eine monatliche Künstlerhilfe vom Land Kärnten in Höhe von 1200 Schilling zugesprochen, das entspricht damals einem Angestelltengehalt. In einem Brief schreibt sie: »Heut Nachmittag muss ich noch das Notwendigste waschen und dann bis weit über Mitternacht stricken. Wegen dem Geld müsste es momentan ja nicht sein, aber ich darf nicht um einer augenblicks besseren Lage willen alle Kundschaften verlieren, und so muss man halt sich abmühen.«[4] Auch, nachdem sie für ihre Lyrik sowohl 1954 zusammen mit drei anderen Dichtern als auch 1964 als einzige Preisträgerin zum zweiten Mal den Georg-Trakl-Preis erhalten hat, sowie 1970 den Großen Österreichischen Staatspreis, lebt sie, abgesehen von anderthalb Jahren, die sie in Klagenfurt verbringt, in ihrer Dachkammer bei den Lintschnigs, einer befreundeten Kaufmannsfamilie, in ihrem Geburtsort St. Stefan bei Wolfsberg in Kärnten. Beinahe fünfundzwanzig Jahre in einer kleinen Dachkammer mit Ölofen, zu der später noch eine Küche dazukommt. Erst in den letzten Lebensjahren hat sie dort fließend Wasser. Das Haus, unter dessen Dach sie bis zu ihrem Tode lebt, ist einen kurzen Fußweg von dem Haus entfernt, in dem sie 1915 geboren wurde und mit ihren Eltern und Geschwistern in einer einzigen Stube aufgewachsen ist. Und auch nur einen kurzen Fußweg entfernt von dem Friedhof, auf dem sie begraben liegt.

3

Fünf Jahre meines Lebens habe ich in Österreich gelebt. Bin Mitte der Neunziger einem Arbeitsangebot nachgereist und dabei vor der Frage »Sie waren sicher sehr froh, als die Mauer fiel …?« entwichen in den Süden, wo kaum jemand danach gefragt hat. Den Container für meinen Umzug packte ich auf einem Ostberliner Hinterhof ein. Abgestellt wurde er zwei Wochen später auf einem Schlosshof in der Nähe von Graz. In dem Schloss war ein Zimmer zu vermieten gewesen, zu ebener Erde links am Schlosshof, ein ehemaliger Wirtschaftsraum ohne viel Komfort – aber mit gewölbter Decke, vierhundert Jahre alten Beschlägen an der Tür und zwei Meter dicken Mauern.

Grüß Gott, sagt die siebzigjährige Miezel, als sie mir das Tor aufschließt, und reicht mir zur Begrüßung die Hand hin. So eine Hand ist das, sehe ich, die ein ganzes Leben lang in der Erde gegraben, in Haushalten geputzt, gekocht und geschleppt hat. Dünne Haut über Knochen. Guten Tag, antworte ich und versuche, diese Hand nur vorsichtig zu drücken, damit sie nicht entzweigeht. Vom Fenster aus kann man den Schekl sehen, zeigt Miezel mir den Ausblick aus meinem zukünftigen Zimmer. Den Schekl? Ich blicke aus dem Fenster, sehe eine flache Kuppe über Bäumen, aber weiß nicht, was sie meint. Der Berg da, das ist der Schekl. Mit der knochigen, jahrhundertealten Hand zeigt sie ihn mir, den Schöckl, den Hausberg von Graz. Ich lache, weil ich so fremd bin und nicht wusste, was der Schekl ist, und sie lacht auch, weil ich so fremd bin und nicht wusste, was jeder hier weiß. Ich glaube, wir werden uns gut verstehen, sagt sie, und ich sage, ja, das glaube ich auch. Dann fange ich mit dem Auspacken an, trage meine Stehlampe aus dem Container ins Zimmer hinüber, und meinen kleinen quadratischen Holztisch, und einen Kleiderständer, der mir den Schrank, für den ich hier keinen Platz habe, ersetzen wird. Der Schrank ist in Berlin geblieben, meine Tagebücher habe ich hineingelegt und den Schrank dann abgeschlossen, sozusagen als Kern der nun untervermieteten Wohnung, als das, was meine Anwesenheit dort sein soll für die Zeit meiner Abwesenheit. Damit meine Heimatstadt mir nicht verloren geht und ich nicht meiner Heimatstadt. Kleider und Bücher und Schuhe und Geschirr bringe ich aus dem Container in mein neues Zimmer. Bei Einbruch der Dämmerung erscheint der junge Graf mit geschultertem Gewehr, grüß Gott!, um auf die Jagd zu gehen. Auf die Jagd? Mit meinem Kopf, in dem Marx / Engels / Lenin stecken, stehe ich auf dem Buckelpflaster des Schlosshofs, im Rücken einen gekreuzigten Jesus, und blicke dem Jäger nach. Wohin bin ich umgezogen?

4

Das Kind Christl Thonhauser muss Hals, Kopf, oft auch die Augen verbunden tragen und ist von Erblindung bedroht. Lungenentzündungen. Eine halbseitige Ertaubung. Zwei Kinder der Mutter sind kurz nach der Geburt gestorben, die übrigen sieben wohnen mit den Eltern in einer einzigen Stube. Die Verwandten, die der Familie die Stube vermieten, weigern sich, ihnen noch ein weiteres Zimmer, das verfügbar wäre, zu geben. Und so schlafen drei Kinder im Bett der Mutter, eins auf dem alten Diwan, zwei im Keller und das jüngste in einer Schublade, die tagsüber unter das Bett geschoben wird. Dieses jüngste ist Christl. Ihre ersten Jahre überlebt sie nur durch die Zuwendung und Rücksicht ihrer Geschwister, durch die Liebe der Mutter. »Ich habe Mutter nie wirklich essen sehen, sie hat immer nur das für sich behalten, was sie von dem Boden der Häfen [d.i. Schüsseln] noch abschaben konnte«[1], schreibt sie im Rückblick. Die Geschwister unternehmen stundenlange Wanderungen, um bei Bergbauern Milch für die Schwester zu erbetteln. Die Mutter legt das Mädchen, das oft zu krank ist, um draußen zu spielen, neben sich auf das Fensterbrett, wenn sie an der Nähmaschine sitzt. Damit es Sonne hat. »Zwei Fäuste breit«[2], schreibt Christine Lavant, war dieses Fensterbrett. Ihr Vater, der Bergarbeiter, ist nach einer Explosion unter Tage schwerhörig und kann nur noch die schlechter bezahlte Arbeit über Tage machen, manchmal stellt er Fallen für Iltisse auf und verkauft die Felle, manchmal macht er kleine Steinmetzarbeiten, zeitweise ist er ganz arbeitslos. Auch der Bruder von Christl hat keine Arbeit. Um die Kinder eine Lehre machen zu lassen, fehlt es den Eltern an Geld. Die Schwestern von Christl gehen, wenn sie Glück haben, »in Stellung« als Küchenhilfen und Dienstmädchen nach Wolfsberg, Klagenfurt oder St. Andrä. Sie, Christl, die Jüngste, ist dafür zu krank.

Unsere Mutter ist keine Dame gewesen.
Einmal hat sie dem Rauchfangkehrer
seinen Glückwunsch zu Neujahr nicht bezahlt
weil kein Bissen im Haus war.
Der hat dann bei allen Bauern erzählt
dass sie ein geiziges Weiblein sei
und schon so ausschaut wie eine Hexe.
Im Winter haben die Bäurinnen Zeit
und da sind gleich drei auf einmal gekommen
mit Wäsche zum Flicken und anderen Fetzen
und haben ihr alles wiedererzählt
von dem Lümmel dem Rauchfangkehrer.
Damals ist mir zum ersten Mal
in Mutters winzigem Mundwinkellächeln
die Blume der Armut so aufgefallen
dass ich die Stube verlassen musste

weil niemand wert ist das anzuschauen
und gar zu erkennen.
Seit diesem Tage habe ich Gott
immer um diese Blume gebeten
aber die Armut allein tuts wohl nicht
denn mein Lächeln ist bloß eine Distel.[3]

5

Aus dem einen Jahr, das ich in Graz verbringen will, werden am Ende fünf Jahre. In Graz lerne ich meinen Mann kennen. Der Großvater meines Mannes war Steinmetz im kärntnerischen Wolfsberg – durch das die Lavant fließt. Wolfsberg ist keine fünf Kilometer entfernt von St. Stefan. »Und nach dem Fluss hat sich ja auch Christine Lavant benannt«, sagt mein Mann bei unserer ersten Autofahrt von Graz über Klagenfurt in Richtung Italien – mit Blick auf das Lavanttal, die weite Landschaft zwischen der Koralpe zur Linken und der Saualpe auf der Rechten. Sagt es so, als gehöre dieser Satz zur Landschaft dazu. Weil ich damals noch nicht weiß, wer Christine Lavant war, schenkt er mir den Gedichtband »Spindel im Mond«[1]. Und dann lese ich, dreißigjährig, zum ersten Mal, Gedichte der dreißigjährigen Christine Lavant.

Verborgene Spindel im Mond.
Wer dreht zwischen Vater und Sohn unsre Zeit,
wer webt an den hänfernen Sterbestunden,
wer stellt ihrem Docht alle Öltropfen vor
und führt hinters Licht unsre Augen?

Spindel, Spindel – ich schaue dich an,
ich durchschaue das Rad zwischen Gestern und Morgen!

Aber heute geht mir die Kindschaft durchs Herz,
aber heute wächst mir der Hanf um den Hals
und verknüpft dort den Vater, den Sohn und die Zeit,
um das Rad aus den Angeln zu heben.

O Spindel, gib dein Geheimnis her!
Ich schreie dich an durch viele hündische Stunden,
sie umkreisen die Frucht der lebendigen Zeit
und locken den wölfischen Tod in den Docht
und mich in das Mutterleib-Zwielicht.[2]

6

Was ist das: Lesen? Wie geht das, dass man lesend mehr versteht, als man weiß? Nur so ein paar Buchstaben auf Papier. »Wenn ich dichtete, risse ich jede Stelle Eures Daseins unter Euren Füßen weg und stellte es als etwas noch nie von Euch Wahrgenommenes in Euer innerstes Gesicht.«[1] In den Konjunktiv setzt Christine Lavant diesen Satz und bräuchte den Konjunktiv nicht. Denn so geht es mir, als ich zum ersten Mal ihre Gedichte lese.

Ob man zum Schreiben kommen kann, ohne die Gewalt des Lesens an sich selbst erfahren zu haben, weiß ich nicht.

Christines ganze Familie liest, »nur der Vater konnte kaum Lesen und schreiben, bloss seinen Namen eigentlich«[2]. Die Mutter und ihre sechs Töchter aber lesen Fortsetzungsromane, auch Christine Lavant zunächst – »größtenteils Kitsch, was aber meines Erachtens kein Schaden ist«[3]. Sie lesen beim Arbeiten, auch die Mutter übrigens beim Stricken, und sogar »beim Türkenschälen, bei allem haben wir gelesen, und natürlich ist der Türkenhaufen nie kleiner geworden«[4]. Türken sind Maiskolben. Türkensterz, Polenta, kenne ich selbst aus meiner Grazer Zeit. *Aan Sterz und aan Kaffee* – sagt mein Mann, sei das, *was der Kasperl zum Frühstück isst.* »Scho de Großvota is g'storbn mit'm Romanbüchl in der Hand«[5], sagt Christine Lavant in einem Radiointerview. Mir fällt meine Urgroßmutter ein, eine Bäuerin, die das Lesen ihr ganzes Arbeitsleben über ansah als Zeitverschwendung, aber als Rentnerin endlich im Liegestuhl lag und Vormittage lang konzentriert las.

Was wäre aus Christine Lavant geworden, wenn sie wirklich erblindet wäre – wie in ihren ersten Lebensjahren befürchtet? Wenn sie nicht mehr hätte lesen können?

Dr. Purtscher, der Arzt, der ihr im Krankenhaus Klagenfurt das Augenlicht rettet und ihr das ganze Leben über freundschaftlich verbunden bleiben wird, schenkt der ernsten Neunjährigen zum Abschied einen Band Goethe. Das Mädchen trägt das Buch im Rucksack nach Hause, sechzig Kilometer zu Fuß, das jedenfalls behauptet eine Legende. Zuerst hinaus aus Klagenfurt durch die Vorstadt, dann durch die Landschaft, bergauf und bergab, an der Burg Griffen vorbei und durch das Tor von St. Andrä, dann hinunter ins Tal. Weil das Geld für den Busfahrschein fehlt.

Die Sätze aber, die für die siebzehnjährige Christine Thonhauser lebensverändernd sind, stammen aus einem Buch von Knut Hamsun, das ihr zufällig unterkommt, und lauten wie folgt: »Ja, wir sind Landstreicher auf Erden. Wir wandern Wege und Wüsten, zuweilen kriechen wir, zuweilen gehen wir aufrecht und zertreten einander.«[6]

Von da an ist sie in einem anderen Raum. »Und von da an«, sagte sie, »mochte ich eigentlich alles andere nimmer.«[7]

Im Museum des Musil-Hauses in Klagenfurt ist in einer Nische die Stube Christine Lavants mit den Originalmöbeln nachgebaut wie ein Bühnenbild. Der flache helle Holztisch, den die Kettenraucherin an den Stellen, wo die Asche ihrer Zigaretten Brandlöcher hinterlassen hat, mit Kacheln aus Karton beklebt hat – auf denen sind bunte, märchenhafte Motive zu sehen: ein Hirsch, eine Zwiebel, aus der eine Tulpe sprießt, ein Hähnchen, ein Pfau. Auch ein Sofa steht da, über dessen Armlehne liegen zwei wollene Jacken, die Christine Lavant selbst gestrickt hat. In einem niedrigen Bücherschränkchen sind da sechzig, siebzig Bücher in zwei Fächern. »Zwischen Erde und Himmel« von Ernst Barlach neben dem »Oblomov« von Gontascharow, »Das Handwerk des Lebens« von Pavese neben »Praktische Mystik, ein Schulbuch«, Martin Buber neben einem Sammelband »Lyrik des Ostens«, Christa Wolfs »Nachdenken über Christa T.« neben einem Band von Selma Lagerlöf. Oben im Archiv selbst sind noch weitere Bücher aus ihrem Nachlass aufbewahrt, ein paar Regalfächer in einem halbdunklen Flur: Brechts »Mutter Courage« findet sich da, ebenso wie Gedichte von Nelly Sachs, ein Inselband mit Gedichten von Rimbaud, »Unmeisterliche Wanderjahre« von Jean Améry, Erzählungen von H. G. Adler und ein

Buch »Das Dritte Reich des Traums« – ein Buch über Träume, die im faschistischen Deutschland geträumt wurden. Ein Bändchen über Astronomie steht zwischen einem Buch über den Kunsthistoriker und Schriftsteller Carl Einstein und einem Roman von Maxim Gorki. Bücher sind das, die sie trotz des beschränkten Platzes bei sich haben wollte. Die ihr vielleicht Freunde, die ihr wichtig waren, geschenkt haben. Sicher auch Bücher, die sie zu dem Zeitpunkt, da sie starb, gerade zufällig in ihrer kleinen Dachkammer hatte. Die meisten der unzähligen Bücher, die sie im Laufe des Lebens geprägt haben, hat sie nur in ihrem Gedächtnis bewahrt.

In jungen Jahren lieh sie sich Bücher aus der »Johann Offner'schen Bücherei« in Wolfsberg, nach dem Ende des Krieges dann auch Bücher aus dem amerikanischen Bücherbus, der von der Siegermacht über Land geschickt wurde, um auch die Menschen in abgelegenen Gebieten mit amerikanischer Kultur zu versorgen und ihnen die faschistische Erziehung auszutreiben. »Dieser blaue Autobus ist also der Rabe, der mich allmonatlich mit ein bisschen Brot versorgt, aber nimmer lange, denn ich habe den ganzen Autobus schon ausgelesen. Ich kann nämlich nicht schlafen. Auch wenn ich Schlafpulver nehme, kaum ein paar Stunden nach dem Morgengrauen. So muss ich Nacht für Nacht aufsitzen und stricke und lese dabei, da geht so ein Autobus-voll bald drauf.«[8] Durch ihre intensive, vielfältige Lektüre erklärt sich, wie sie, eine Strickerin aus St. Stefan, zum Beispiel über einen Text ihres Freundes Gerhard Lampersberg mit größter Souveränität folgendes Urteil abgeben kann: »Dieses Thema ist so heikel, dass es nur ganz kaltschnäuzig (à la Henry Miller) behandelt werden kann oder ganz visionär, etwa so, wie Trakl seine frühe Prosa schrieb.«[9]

Das für ihr Leben als Lyrikerin bedeutsamste Leseerlebnis aber ist ihr geschehen, da war sie gerade dreißig Jahre alt, 1945, am Ende des Krieges. Da hat ihr die Bibliothekarin, »weil sie ja schon nimmer gewusst hat, was sie mir geben soll, nachdem ich ja so einen großen Bücherverschleiß gehabt hab durchs Stricken«, einen Band Rilke zu lesen gegeben. »… und ich hab eh nicht wollen, aber ich hab mich geniert zu sagen, dass ich Gedichte nicht mag, aber weil sie ja so eine nette Frau war, na, dann hab ich sie halt mitgenommen. Dann hab ich nachher hineingeschaut. In dem Moment wars wie … wie wenn ein Brunnen geschlagen würde. Ich hab gedichtet Tag und Nacht.«[10]

7

»Denn da ist keine Stelle, / die dich nicht sieht. Du musst dein Leben ändern.«[1] Rilke beschreibt eine Statue – und kehrt ganz am Ende des Gedichts den Blick plötzlich um. Dieser Satz gehört zu den Sätzen, die ich, seit ich sie zum ersten Mal gelesen habe, nie mehr vergessen konnte. Ebenso werden in meinem Kopf, solange er sich zu erinnern vermag, die beiden Gestalten aus Kafkas »Schloss« sich in trübem Licht in einer Bierlache wälzen. Wird Madame Chauchat die Tür in Thomas Manns »Zauberberg« mit Verve zuwerfen, ein Büchnerscher Soldat zu einer Hure wieder und wieder sagen: »So will ich mich an dir wetzen«[2], und Richard der III. aus seinem grünen Einband herausrufen: »Ward je in dieser Laun« ein Weib gefreit?«[3] Die Bücher sprechen, sie sprechen miteinander im Bücherregal, und sie sprechen miteinander in meinem Kopf. »Aber Jakob ist immer quer über die Gleise gegangen«[4], höre ich Uwe Johnson inwendig reden, und auch die Bachmann hat ihre eigene Stimme, mit der sagt sie: »Nichts Schönres unter der Sonne als unter der Sonne zu sein.«[5] Wann immer ich in einem eigenen Text feststecke, meine Sprache verloren habe, in Momenten, in denen ich aufhören will zu schreiben für immer, weil ich aus dem Sumpf der Wörter nicht mehr aufkomme, dann ziehe ich Hölderlin aus dem Regal wie eine Medizin. »Aber Freund! wir kommen zu spät. Zwar leben die Götter, / Aber über dem Haupt droben in anderer Welt. / Endlos wirken sie da und scheinens wenig zu achten, / Ob wir leben, so sehr schonen die Himmlischen uns.«[6] Hölderlin wäre so etwas wie mein Urmeter der deutschen Sprache, wenn für die Kunst nicht das paradiesische Gesetz gälte, dass es keinen Wettbewerb gibt. Johann Heinrich Pestalozzi hat einmal gesagt, man solle nie ein Kind mit einem anderen vergleichen, sondern immer nur mit sich selbst – und so ist es auch mit den Texten, die uns Lesern geschenkt sind. Wunderbar und erstaunlich genug, dass in meinem Kopf oder dem irgendeines anderen Lesers all diese Texte miteinander wohnen können, Charles Bukowski neben Adalbert Stifter. Bret Easton Ellis neben Anton Tschechow. Heinrich von Kleist neben dem Tao Te-King. Löwe und Lamm beieinander, nicht nur, ohne sich zu zerfleischen, sondern im Denken und in der Erinnerung des Lesenden Verbindungen eingehend, quer durch die Sprachen, quer durch die Zeiten. Dreißig Jahre alt musste ich werden, bevor ich zum ersten Mal ein Gedicht von Christine Lavant gelesen habe. Bevor sich mir diese fremde Welt aufgetan hat, die ich nicht kannte und doch im ersten Moment wiedererkannt habe.

Unter verdorrenden Apfelbäumen
reden die Seelen der Bettler
von Brot, das nie ausgeht,

und von der verheißenen Wohnung
im Hause des Vaters.

Heilig singen die Unheilbaren
die hohe lebendige Blume an,
und taubstumme Kinder erlernen
die Sprache von Wurzeln und Steinen.
Unfruchtbare berühren sich zart,
sagen einander: Du, sei gegrüßt,
und glorreich sei dein verlassenes Herz
in der Angst deiner Jahre.

Unter verdorrenden Apfelbäumen
schütten die Ausgesonderten alle
ihr Heimweh bis zu den Quellen hinab
und ernähren die Erde.[7]

Wenn ich vor dem Bücherregal von Christine Lavant stehe, wenn ich weiß, von welchen Büchern sie beeindruckt war, in jungen Jahren oder später, dann sehe ich eine Frau mit Hunger nach anderen Welten als der, in der sie aufgewachsen ist, ich sehe eine einsame Frau, die durch das Lesen einen unhörbaren Dialog mit den Autoren der Bücher führt, ich sehe eine, die auf der Suche ist nach dem Grund allen Denkens, nach dem Sinn unserer endlichen Existenz. Wenn ich vor dem Bücherregal von Christine Lavant stehe, sehe ich eine, die wissen will, wie es gelingen könnte, dem wuchernden, unverständlichen, kaum erträglichen Leben wenigstens versuchsweise ein Netz aus Form und Struktur überzuwerfen, damit sie von diesem Leben nicht überwältigt wird. Tiefe des Nachdenkens, des Fühlens, der Imagination kann man aus Büchern nicht lernen. Aber vielleicht die Kühle des Blicks, die nötig ist, um der Hitze der unbequemen Gefühle Herr zu werden. Humor, vor allem sich selbst gegenüber, kann man nicht lernen, aber vielleicht die Genauigkeit der sprachlichen Lösungen, die Konzentration aufs Wesentliche und die Klarheit des Ausdrucks. Christine Lavant hat als Kind nur die Grundschule besucht, weil der vier Kilometer lange Fußweg zu und von der Hauptschule für sie physisch zu anstrengend war. Das Leben war ihre eigentliche Schule, die Bücher waren ihre eigentlichen Lehrer. Lesend ist sie eingetreten in den Schacht des Erzählens, wo durch den Strom der Worte alle Zeiten miteinander verbunden sind. »Wirf ab den Lehm, nimm zu an Hauch«[8], lese ich bei ihr und sehe, wie durch ihr Schreiben hindurch das Gilgamesch-Epos mitklingt: »Mein Freund, den ich liebe, wurde wieder zu Lehm, (...) werde nicht auch ich wie jener sein und mich niederlegen müssen, / auf dass ich nie wieder mich erhebe für immer und ewig?«[9] Dostojewski und Gogol liest sie und schreibt an einen Freund: »Kennen Sie diese Figuren aus den russischen Dichtungen, diese form- und schamlosen, sich selbst zersetzenden Gestalten, die eigentlich gar keine richtigen Menschen sind sondern eher Albträume (...)? – Ich zähle mich nicht etwa erst seit Kurzem dazu, ich weiss es schon lange, aber – wie einen sein Spiegelbild nicht zu jeder Stunde gleich entsetzt, so erträgt man auch den Anblick seiner Seele oft lange fort ganz gut, bis man dann endlich davor fast zusammenbricht.«[10] Bei ihr lese ich: »Groß ist das Wachstum des Himmels / über der Höhlung der Erde / und immer reift von den Sternen einer heilsam herauf und verkündet das Kind / den Königen Hirten Tieren«[11] – und denke an die Erzählung des Sioux-Häuptlings Schwarzer Hirsch, eine ihrer frühen Lektüren, in die ich ihr gefolgt bin, darin heißt es: »(…) denn die Gestalt des Wachstums wurzelt im Geheimnis, gleich der Nacht, und strebt lichtwärts.«[12]

Sich lesend eine ganze Welt aneignen, um gültige Worte zu finden für das konkrete eine Leben, das einem selbst widerfährt – das ist vielleicht das, was jeder versucht, bei dem das Lesen mit dem eigenen Schreiben einhergeht. Lesend den Mut fassen, dass Schreiben überhaupt möglich ist.

8

»Waren wir allein, dann sang Mutter meist Kirchenlieder. Ganz alte, ganz seltsame.«[1] Christine Lavant wächst mit Musik auf – nicht nur mit den Liedern ihrer Mutter und den Liedern, die bei den Gottesdiensten gesungen werden, sondern auch mit Moritaten und Volks- und Bänkelliedern, die sie von ihren Schwestern und ihrem Bruder hört. »In der Bäckl-Keusche [dem Haus, in dem sie aufwuchs] wurde trotz der allerbescheidensten Lebensführung viel gesungen, als wir Kinder daheim waren«, erzählte Antonia Kucher, eine der Schwestern von Christine. »Fünfstimmig, die Pepi, die Bini, die Marianne, ich, Hermann.«[2] Auf den Jahrmärkten hören die Kinder auch Schlager und Musik aus Operetten – »die bezaubernden Lieder der Ringelspiele [Kettenkarusselle] und Schaukeln«[3]. In Lavants Erzählung »Baruscha« gibt es den Scherenschleifer Schuppan, der »alle Tage vor einem anderen Brunnen seine Schleiferlieder singt«[4]. Immer wieder baut sie hier und da Textzeilen oder Verweise auf Lieder in ihre Erzählungen ein, oft mit bemerkenswerter Ironie – »das schaurige Lied von der entmenschten Mutter, die ihr einziges Kind lebendig in den Sarg nagelt, weil sie noch einmal heiraten will«[5]. Sie durchschaut den billigen Trost, der in den sentimentalen Traumbildern liegt, sei es bei Musiknummern aus Operetten: »die meeralte Leier vom ›Tanzen möcht' ich, jauchzen möcht' ich‹- oder: ›Machen wir's den Schwalben nach!‹«[6], oder bei Wienerliedern, wie dem im Kriegsjahr 1941 komponierten von der »lieben kleinen Schaffnerin«: »Man denke bloß: Eine himmlische Schaffnerin kam da vor, und den Schluss, der immer wiederkehrte, sangen sie dann alle schon mit.

Und ich küss' ihr dann sehr galant
ihre kleine berückende
feine entzückende
fahrkartenzwickende Hand!«[7]

Aber selbst, wenn sie mit beißendem Humor diese Lieder kommentiert, schaut sie doch nie mit Verachtung, sondern mit Ernst und Mitgefühl auf die Menschen, die sie singen, die für das, was ihnen im Leben zustößt, keine eigene Sprache haben und stattdessen in musikalisch gefassten Schablonen nach Ausdruck suchen: für Liebe und Verlust, für Traum und Enttäuschung, für eine kurze blinde Hoffnung angesichts der Katastrophen, mit denen man es in Wahrheit zu tun hat.

Zehn Jahre vor ihrem Tod schreibt die Lavant an ihre Freundin Maja Lampersberg: »Mit den Augen geht es mir natürlich von Winter zu Winter schlechter. Schmerzen! Ich hab mir einen kleinen Plattenspieler gekauft; auf einmal mag ich Musik, weiß nicht warum, es ist wie eine Sucht.«[8]

Manchmal bekommt Miezel im Winter Besuch von der älteren der beiden Berghuber-Schwestern, an die achtzig Jahre ist die schon und reist mit dem Schlitten an über Hügel und Senken. Hügelan stapft sie durch den Schnee, hügelab saust sie mit dem Schlitten. Diesmal bin ich mit Miezel bei den beiden Schwestern auf Gegenbesuch, in der ganzen Gegend sind sie bekannt für ihren Zweigesang. Die Berghuber-Schwestern kennen all die alten Lieder von glücklicher und unglücklicher Liebe – und sie kennen, natürlich, auch das Schöckl-Lied. Das Lied über den Berg, den ich von meinem Fenster im Schloss aus sehen kann. Sie sitzen in Kittelschürzen in der Küche und singen im Terzenabstand, »terzeln«, wie es im Dialekt genannt wird, mit größter Konzentration und Ernsthaftigkeit. Singen, ohne eine Miene zu verziehen, auch wenn vom »lustig Blut« die Rede ist oder vom »sackrisch Schneid«. Kein Vortrag eines solchen Liedes könnte weiter entfernt sein von der falschen Heiterkeit mancher Volksmusiksendungen der Neuzeit. Überhaupt von jeder Heiterkeit.

Die letzten beiden Zeilen des Schöckl-Liedes lauten:

Dort, wo amal mei Wiegerl stand,
dort solln's mi a begrobn.
Dort, wo amal mei Wiegerl stand,
dort solln's mi a begrobn.

Von dem großen Unglück, das die Familie Berghuber einige Jahre zuvor heimgesucht hat, erfahre ich erst später durch Miezel.

So ein Dorf ist eine unsichtbare Bühne. Hinter der Musik, die gesungen wird, hinter den Volks- und Kirchenliedern, den Schauermärchen und Wallfahrtsgesängen, stehen immer die wirklichen Dramen des ländlichen Lebens. Christine Thonhausers Privileg ist es, eine Mutter zu haben, die sich außerhalb von Klatsch und Tratsch hält, die, während sie die Arbeiten für ihre Kundschaft erledigt, deren Erzählungen zuhört, aber nur knappe Kommentare abgibt. »Ehebruch Totschlag Kindsmord Brandstiftung Grenzsteinverschiebungen Gespenstererscheinungen Unglücksfälle Klaghändel Irrsinnsausbrüche, Todfeindschaften. Dies alles wurde immer mit dem Einsatz des ganzen Herzens und der ganzen Fantasie und zumeist unter Verwendung vieler verstümmelter Fremdworte vorgebracht, und es wurde immer wieder in allen Abarten geweint und geflucht und geschworen. Mutter nahm das alles hin, ohne je mitzuweinen, mitzufluchen oder auch nur mitzuschimpfen. In ihren Augen stand dann das innerste Gefüge des Dorfschicksales, aber verwandelt von einer strahlenden fast übermütigen Demut.«[9]

Christl ist bei diesen Sitzungen das stumme, anwesende Kind.

9

Eine rechts, eine links – das sind die beiden Säulen, die sich alle vier Maschen wiederholen, die das Muster strukturieren und sich von den Schultern bis zum Saum durchziehen, in den zwei Maschen dazwischen ist die Miniatur eines Perlmusters. Zwei Zeilen rechts, links. Die nächsten beiden versetzt, also links, rechts. Samenkugel die du wehst über allem. Das heißt also erst rechts, links (die Säule), dann rechts, links (das Muster). Dann die nächste Säule: rechts, links. Und immer so fort. In der nächsten Zeile das Ganze noch einmal. Aber in der dritten und vierten Zeile ist das Muster versetzt: Erst wieder rechts, links (die Säule), dann jedoch links, rechts (das Muster). Dann wieder die Säule. Und immer so weiter. Unsäglich bleibe dein Wesen. Frau Lintschnig hat die Jacke, die Christine Lavant gestrickt hat, auf dem Tisch ausgebreitet. Grün ist die Jacke, und an manchen Stellen schon vom Licht ausgebleicht. Zu falle uns dein Korn. Damit wir es tragen / oben als Blüte und unten als Wurzel. Für ihren, Frau Lintschnigs, Mann hat Christine Lavant vor ungefähr fünfzig Jahren die Jacke gestrickt. »Diese Jacke hat wirklich die Christl gestrickt. Aber wie viele Strickjacken hier im Dorf angeblich noch alle von der Christl stammen, naja …«, sagt sie und lächelt. Ich sehe die Bündchen: rechts, links im Wechsel, und auch den breiten Schalkragen, rechts, links. Gewähre unserem Wachstum das Erdreich. Der vordere Teil des Kragens ist auf beiden Seiten aus den Vorderteilen der Jacke herausgewachsen. Dort, wo der Hals aus dem Oberkörper des Menschen, in diesem Falle Herrn Lintschnigs, herauswächst, müssen der vordere Teil des Kragens und der hintere sich vereinen. Da muss Christine Lavant Rück- und Vorderseite der Jacke schon zusammengeheftet und dann die Rundung angestrickt haben. »Das Muster hat sie gern mögen.« Vergib uns die fruchtlosen Zeiten / Wie auch wir der Dürre und Kälte vergeben. Christine Lavant? Oder hieß sie, wenn sie strickte, wie sie seit ihrer Heirat mit bürgerlichem Namen hieß: Christine Habernig? Welche Christl hat die Jacke gestrickt? Hinten hat der Kragen eine Naht, das ist die Stelle, wo die Rundung, die vorn links begonnen hat, und die Rundung von rechts sich treffen. Lass uns nicht Sterne sein wollen. Ich sehe auch unten den quer angestrickten Saum, so kann die Jacke nicht ausleiern, nicht bei jeder Wäsche größer werden. Sondern das Nächtige schlicht überstehen. Und ich sehe die Knöpfe, mit grauem Garn fest angenäht, so wie ich es auch in meiner Zeit als Ankleiderin im Theater gelernt habe: einmal, um den Knopf mit dem Material zu verbinden, aber da darf man ihn nicht zu fest anziehen, dann den Faden ein paarmal um diese Verbindung herumwickeln, dann wieder durchs Knopfloch, verbinden, dann wieder herumwickeln. Denn so ein Knopf muss einen Abstand haben, damit der Stoff, in den er eingeknöpft wird, noch Platz hat. Und die Verbindung muss fest sein und halten.

Amen.

Und jetzt noch einmal in Ruhe.

Samenkugel die du wehst über allem
unsäglich bleibe dein Wesen
zu falle uns dein Korn
damit wir es tragen
oben als Blüte und unten als Wurzel.
Gewähre unserem Wachstum das Erdreich
vergib uns die fruchtlosen Zeiten
wie auch wir der Dürre und Kälte vergeben.
Lass uns nicht Sterne sein wollen
sondern das Nächtige schlicht überstehen
Amen.[1]

10

Als ich kürzlich in der Kirche war, in der der Schriftsteller W.G. Sebald als Kind die Gottesdienste besucht hat, war da eine Statue des Hl. Bartholomäus zu sehen. Der trägt die eigene Haut, die ihm erst später, während seines Martyriums, abgezogen werden wird, wie einen Mantel über dem Arm.

Als ich in der Kirche war, in der Christine Lavant als Kind die Gottesdienste besucht hat, war da eine Statue des Hl. Stephanus, der trägt die Steine, mit denen er gesteinigt werden wird, in seinem Gewand wie in einer Schürze.

Zu Allerheiligen werden auf den österreichischen Friedhöfen Kerzen angezündet. In den Jahren, in denen ich an diesem ersten Novembertag nachts mit dem Auto von Graz nach Hause unterwegs war, sah ich am Wegesrand den Dorffriedhof in der Dunkelheit schimmern. So ein rötlicher Schimmer war das, so ein Flackern in der Stille, wenn die Hinterbliebenen, die die Kerzen angezündet haben, schon längst wieder zu Hause sind, und die Toten wieder mit sich allein.

Manchmal bin ich mit Miezel auf diesem Friedhof gewesen, habe ihr im Winter geholfen, das Grab abzudecken, im Frühling beim Stiefmütterchen-Pflanzen, ihr im Sommer die Gießkannen mit dem Wasser getragen. Es ist das Grab ihrer Eltern. Und, habe ich irgendwann verstanden, auch das Grab ihres jüngeren Sohnes.

Während wir eines Tages im Auto sitzen, um einen Ausflug zu machen, beginnt sie, von diesem Sohn zu erzählen. Unehelich war er geboren, so wie sein Bruder, aber beide hatten denselben Vater. »Der Vater ist nach Amerika, da war der Jüngste drei Monate alt.« Sie setzt nach einer Pause hinzu: »Ich wär drüben eh vor Heimweh gestorben.« Der Mann habe dort, in New York, Brooklyn, geheiratet und noch einmal Kinder bekommen. Brooklyn, denke ich, der Mann von Miezel, die im Winter ein Kopftüchl trägt, die noch nie eine Rolltreppe benutzt hat und nicht einmal Fahrrad fahren kann, in Brooklyn. »Und du?« »Es war nicht leicht. Ich war in Dienst, hab gekocht und aufgeräumt.« »War dein Sohn krank?« »Nein«, sagt sie. Und nach einer kleinen Weile: »Erschossen soll er sich haben.« »Erschossen?« »Ja«, sagt sie. »Aber mit einem Jagdgewehr.« Eine Weile sitzen wir nach diesem kurzen Satz, der mit »aber« begonnen hat, nebeneinander, ohne etwas zu sagen. Ich lenke, sie schaut aus dem Fenster, die Landschaft zieht draußen vorüber. »Wie das gehen soll«, sagt sie schließlich, »sich selbst erschießen mit einem Gewehr, das weiß ich nicht.« Wieder fahren wir eine Weile, ohne etwas zu sagen. »Seine Frau war daheim, als es passiert ist, und sein eigener, damals zwanzigjähriger Sohn.« Dann schweigt Miezel wieder, und ich schweige auch.

»Jetzt streicht er herum, dieser Sohn, mein Enkel. Hat keinen Beruf, kein Geld. Wenn er Hunger hat und gar nicht mehr weiß, wohin, kommt er sogar zu mir. Dann mache ich ihm ein belegtes Brot. Dann geht er wieder.« Miezel und ich sind beide wieder für eine Weile still. Ich habe wohl gehört, dass sie »sogar« gesagt hat. Gut, dass es, während wir immer weiter fahren, draußen Landschaft zu sehen gibt.

Hinter dem Kindheitshaus von Christine Lavant, das in zweiter Reihe steht, steigt der Hügel noch ein wenig an und fällt dann in einem Maisfeld ab bis zu Bahnschienen, dort spielt eine der dramatischsten Szenen im »Krüglein«, einer ihrer Erzählungen. Auch hinter dem Haus, in dem sie später gewohnt hat, erstreckt sich ein Maisfeld, dahinter liegen bewaldete Anhöhen, hügelab, hügelan, bis hin zur Koralpe, die in der Ferne bläulich schimmert. Als ich auf dem Friedhof stehe, auf dem sie begraben liegt, raschelt ringsum der Mais. Dennoch ist das Dorf, in dem Christine Thonhauser aufgewachsen ist, kein fernes Landidyll. Der Heilige Stephan ist der Schutzpatron der Steinhauer. Christine Thonhausers Vater war Bergmann, die Bahnschienen hinter ihrem Haus sind ein moderner Transportweg, und die englischen und amerikanischen Bomber, die im Zweiten Weltkrieg Wolfsberg angreifen, lassen, wenn sie noch Ladung übrig haben, auch gelegentlich eine Bombe auf diese Landschaft fallen. Die Familie Thonhauser ernährt sich durch Lohnarbeit, Christine Lavant selbst bezeichnet sich nicht zufällig als »Proletin«[1]. Sie ist durch ihr Aufwachsen im Lavanttal mit der Landschaft verbunden, aber nicht durch Besitz. Es ist keine Bauerntochter, die in einem Brief an eine Freundin solche Sätze zu schreiben vermag: »Wir gehen alle in einem bitteren Kreis, was in der Mitte steht und uns antreibt, wissen wir nicht. Manchmal kann eins dem andern für eine kurze Strecke die Hand geben, und das ist dann schon viel, vielleicht alles, was es überhaupt für uns gibt. (...) Menschen sind überhaupt das Loseste und Verwehendste unter den Winden.«[2]

Christine Lavant leidet, aber sie will keine Märtyrerin sein. Das Hadern mit Gott ist ein Thema, das ihr ganzes Werk durchzieht. Die »hinausgeschleuderten Gebete«, heißt es in ihrer posthum veröffentlichten Erzählung »Das Sieben-Rosen-Tuch«, »kamen nie zurück, um zu berichten, ob sie ihr Ziel auch je erreichten. Sie waren einfach fort wie Steine fort sind, welche man ins grundlose Wasser wirft.«[3] Der Strickerin, der Hauptfigur dieser Erzählung, fallen auf die Frage eines Bergarbeiters, wo denn Christus zu finden sei, nur Gemeinplätze ein. »*Ich bin der Weg, die Wahrheit und das Leben* – hat er gesagt, murmelte töricht und ohne Überzeugung ihr Mund. Und das war nun dagestanden in der armseligen Kammer und hatte erschreckt. Fremd und wie ein Turm waren diese Worte dagestanden, und beide hatten sie keinen Zugang zu diesem Turm gefunden.«[4] Am nächsten Morgen hört die Strickerin, dass der Mann, der sie um Rat gefragt hat, sich erhängt habe.

Mit diesem Versagen der befragten Hauptfigur beginnt in Lavants Erzählung das Nachdenken über deren Schuld, die nicht nur darin besteht, dass die Befragte selbst keine Antwort gewusst hat, sondern auch darin, dass sie sich eine fremde Sprache, die abgenutzt ist, ausgeborgt hat, um ihre Ratlosigkeit zu verdecken. Dass sie den leichten, eingeschliffenen Weg gegangen ist statt des schweren eigenen. »Die Aufgabe eines jeden Menschen besteht darin, das für ihn Schwerste auf sich zu nehmen, es erringen zu wollen. Mein Schwerstes ist, einen eigenen und freien Willen zu erhalten«[5], so Christine Lavant in einem Brief. Sie weiß, dass die Frage nach der universellen Einsamkeit eine Frage auf Leben und Tod ist. *Der Mensch lebt nicht vom Brot allein, sondern von einem jeden Wort, das aus dem Mund Gottes kommt,* heißt es in der Bibel. Aber was, wenn dieser Mund stumm bleibt? Männer wie Frauen, Arme wie Reiche, Alte wie Junge – sie alle fallen in Lavants Erzählung, nachdem ihr Fragen ins Leere gelaufen ist, auf die eine oder andere Art aus dem Leben, werden ins Gefängnis gesteckt oder ins Irrenhaus, oder sterben. Gehört werden, überhaupt gehört werden – und wenn schon kein Gott sich zeigen will, dann von irgendeinem Gegenüber, einem gleichgesinnten Freund, einem Liebenden, einem Leser. Und eine wahrhaftige Antwort bekommen. Worum viele Gedichte von Christine Lavant auch inhaltlich kreisen, davon erzählt ihr besessenes Schreiben an sich. »In mir warten immerfort ganze Lawinen von Vertrauen und Zuneigung, um mich auf irgendein bereites Opfer zu stürzen. Und wenn ich mich dann ausgeschüttet habe, und der andere erwartet, dass sich nun endlich die Seele leicht und befreit vor ihm zeigen würde, dann – wissen Sie – ist garnichts mehr da. Ich glaube, ich habe gar keine richtige Seele, sondern bloss einen winkeligen Durchgang für tausenderlei verirrte Dinge.«[6]

Mehrfach hat Christine Lavant versucht, sich das Leben zu nehmen, als Kind schon, als Halbwüchsige. Mit zwölf Jahren hat sie begonnen zu schreiben, einen, wie sie es nannte, »Seelenwanderungsroman«[7]. Als es ihr nicht gelingt, dafür einen Verlag zu finden, verbrennt sie im Jahr 1932 alle bis dahin entstandenen Texte und versucht, sich mit zwanzig Aspirintabletten das Leben zu nehmen. Sie macht einen zweiten Anlauf, den Roman zu schreiben, schreibt auch Gedichte, von denen zwei, da ist sie achtzehn, in einer Kärntner Zeitung erscheinen. 1935 folgt ein weiterer Selbstmordversuch mit den Schlafmitteln der Mutter. Als auch dieser misslingt, begibt sie sich freiwillig für einige Wochen in die Klagenfurter Nervenheilanstalt.

Dass in späteren Jahren neben ihren literarischen Arbeiten ihr Hauptwerk in umfangreichen Briefwechseln besteht, dass sie häufig die einzigen Originale ihrer Gedichte an Freunde verschenkt oder ihren Briefen beilegt, erzählt davon, wie sehr sie durch ihre Sehnsucht nach Nähe und Austausch ins Schreiben getrieben wurde. An ihren Freund und Förderer Ludwig von Ficker schreibt sie: »Menschen können gut ohne Gedichte sein, aber ein Gedicht nicht ohne Menschen.«[8]

An der Pinnwand vor meinem Schreibtisch hängt ein Foto, das ich einmal auf Sizilien aufgenommen habe. Darauf sind zwei sehr alte Frauen zu sehen, die gerade aus einer Kirche kommen. Die eine tippelt gebeugt, Schritt für Schritt, die Treppe hinunter, eine Einkaufstasche trägt sie in der linken Hand, einen Beutel hat sie sich um den Hals gehängt, damit sie sich mit der rechten Hand auf ihren Stock stützen kann. Die andere Frau muss sich mit beiden Händen an der Mauer, die die Treppe begrenzt, festhalten, um das Gleichgewicht nicht zu verlieren. Mit der letzten Kraft ihrer sterblichen Körper haben sich diese beiden Frauen in die Kirche geschleppt, nur um sich zu vergewissern, dass sie zu einer Gemeinde gehören, nur um des Versprechens willen, dass ihr Leben nicht enden wird mit dem Tod.

Der Mensch lebt nicht vom Brot allein, sondern von einem jeden Wort, das aus dem Mund Gottes kommt.

Es gibt auch ein anderes Foto an dieser Pinnwand, darauf ist der Dom von Syrakus zu sehen, der zuvor ein griechischer Tempel war. Die dorischen Säulen sind nicht verdeckt, sondern eingemeindet. Der Kult ist immer weitergegangen, quer durch die Religionen, quer durch die Zeiten.

»Denn wovon lebt der Mensch?«, fragt auch Brecht in der »Dreigroschenoper« und gibt selbst eine ganz andere Antwort als die Bibel: »Indem er stündlich / Den Menschen peinigt, auszieht, anfällt, abwürgt und frisst.«[9]

Beide Antworten widersprechen einander nicht so sehr, wie es den Anschein hat, wenn man daran denkt, dass die ersten Tempel der Menschheit zugleich Getreidespeicher waren, wie sich an den Grundrissen der bei Ausgrabungen, zum Beispiel in Uruk, freigelegten, rund 6000 Jahre alten Heiligtümer ablesen lässt. Die Religionen dienten also nicht zuletzt dazu, die Verteilung der knappen Nahrungsmittel ohne Blutvergießen, durch Berufung auf eine höhere Instanz, zu regeln.

Denn die Abwesenheit von Sinn, wie hält man die aus?

»Da ging sie nun hin und vergaß, ihre Strümpfe zu stricken, und vergaß auch alles andere, was zu einem ordentlichen Leben gehört, und suchte nach einer Stelle, die ihr die großen Fragen vollkommen beantworten könnte.«[10]

Durch Einsamkeit, Enttäuschungen, Todesnähe hindurchgehen und im Jenseits der Unbotmäßigkeit, der Auflehnung ankommen, das gelingt nur wenigen. Wie Christine Lavant sich allen Widrigkeiten zum Trotz und aus eigener Kraft zu der Person, die sie sein wollte, *gemacht* hat – das ist unerklärlich und beispielhaft. Und auch ihr wäre ohne ihr außergewöhnliches Sprachempfinden dieser Weg sicher verschlossen geblieben, wie er einem Heer von anderen, deren Leid ungehört versinkt, verschlossen bleibt.

Du hast mich aus aller Freude geholt.
Aber ich werde dennoch genau,
ganz genau, nur so lange darunter leiden,
als es mir selbst gefällig ist, Herr.
Du hast mich im Zustand der wildesten Hoffart
und des zornigsten Mutes vor dir.
Heb deine Hand und schlage mich nieder,
ich werde dann nur um so höher springen,
und du wirst mich ewig vor Augen haben,
den kleinen, roten, zornigen Ball.
Jede Stelle wirft mich zu dir zurück,
weil du mich von jener einzigen Stelle,
wo ich Herz war und freudig und weich wie ein Vogel,
wegholtest, um mich zusammenzuballen
und ins ewige Leiden zu werfen.[11]

11

Es gibt ein großes Schweigen im Schreiben von Christine Lavant. Und dieses Schweigen dauert zehn Jahre: von 1935 bis 1945. Zehn Jahre, in denen sie gestrickt, manchmal mit Tusche oder Aquarellfarbe gemalt – und gelesen hat.

Erst im Herbst 1945, ein halbes Jahr nach Kriegsende, bricht das Schreiben wieder aus ihr hervor, erst nach jener »Stunde Null«, die, wie wir alle wissen, politisch durchaus keine »Stunde Null« war, schreibt sie all jene Prosatexte und Gedichte, die wir heute von ihr kennen.

Zuerst ab Ende Oktober '45 die autobiografische Erzählung »Das Kind«[1].

Außerdem bis März '46, also innerhalb weniger Monate, schon über hundert Gedichte.

Im Sommer 1946 dann die Erzählung »Das Krüglein«[2].

Über die Erfahrungen, die sie während ihres sechswöchigen Aufenthaltes in der »Landes-Irrenanstalt« 1935 gemacht hat, schreibt sie erst im Herbst 1946.

In diesen »Aufzeichnungen aus dem Irrenhaus«[3] lesen wir von der buckligen Krell, die als Königin auftritt, von der sanften Alten, deren sieben Söhne ihre Köpfe unter dem Arm tragen, von der jungen und schönen Hansi, deren Mutter bei ihren Besuchen das lange Haar der schwermütigen Tochter immer sorgsam vom Boden aufhebt, wenn es wieder einmal vom Bettrand herabgefallen ist, vom Fräulein Hermine, einer, wie Christine Lavant selbst, »ebenfalls nicht ans Ziel gekommenen Selbstmörderin«[4], wir lesen über die von ihr »Elfenbeinerne« Genannte, mit der sie Halma spielt, lesen über die weißhaarige Kleine von Rauschbach, die fliegende Pferde mit goldenen Mähnen sieht, oder über Frau Cent, mit deren Hilfe sich schon »viele erhabene Geister wie Goethe und Schopenhauer materialisiert«[5] haben. Auch die Majorin tritt auf, eine alte Aristokratin, die sonst flucht und tobt, und sich nur, wenn ihr Sohn sie besucht, beruhigt: »Wie Christus über das Wasser, geht diese Mutter in der Gegenwart ihres Sohnes über das Meer ihres Irrsinns.«[6] Magdalene ist eine, die sich immerfort blutig kratzt, Christine Lavant beschreibt, wie sie von Pflegern aus der Männerabteilung in eine Zwangsjacke gesteckt wird: »(…) und wie sie an ihre Brüste ankamen, waren sie nicht Pfleger, sondern Männer und hatten ihre Lust daran. Warum, wenn es Engel gibt, obliegt keinem davon die Aufgabe, Dinge, die erst in der äußersten Hölle vorkommen dürften, hier auf Erden zu verhindern. Da schreibe ich nun dies und schreibe es mit gewöhnlichen Worten, schreibe es wie irgendetwas und müsste eigentlich die Mauern hier Stein für Stein abbrechen, um jeden einzelnen gegen den Himmel zu werfen, damit dieser sich darauf besänne, dass er auch gegen sein Unten noch eine Verpflichtung hat. Vielleicht verfluche ich mich mit jedem dieser Worte, aber dass ich sie schreiben muss, ist mir am Ende wohl aufgesetzt. (…) Ach, wir alle gehen der Richtung nach, in die wir geworfen sind. Steine! Steine! Steine!«[7]

In ihrer eigenen Krankenakte steht: »Weint viel, stellt sich hinter die Türe, isst wenig, sonst freundlich und zutraulich.«[8]

Zehn Jahre sind zwischen dem Aufenthalt Christine Lavants in der Nervenheilanstalt Klagenfurt und ihren Aufzeichnungen über diese Zeit vergangen. Was waren das für zehn Jahre?

Nach ihrem Aufenthalt in der »Landes-Irrenanstalt« war es ihr 1935 mit Unterstützung ihres Augenarztes und dessen Frau, des Ehepaars Purtscher, gelungen, ein zuvor entstandenes, autobiografisches Romanmanuskript beim Grazer Leykam Verlag einzureichen, wo es zunächst positiv beurteilt, dann aber doch nicht veröffentlicht wurde. Daraufhin beschloss sie, das Schreiben ganz aufzugeben. »Meine Schreib-Wut hielt ich für eine überstandene Krankheit, die ich nie wieder in mir aufkommen lassen durfte«[9], sagt sie später.

Im Jahr 1937 stirbt ihr Vater, ein halbes Jahr nach ihm die Mutter. Da ist Christine dreiundzwanzig Jahre alt. Nach dem Tod der geliebten Eltern wird ihr die Stube gekündigt, in der sie ihr ganzes bisheriges Leben zu Hause war, sie zieht zunächst in eine kleine armselige Dachkammer im Haus eines Bergarbeiters, die ist »nicht größer als 10 Quadratmeter«[10]. 1938 erfolgt der Anschluss Österreichs ans faschistische Deutschland. Als Christine Lavant ein Jahr später ankündigt, den sechsunddreißig Jahre älteren Landschaftsmaler Josef Habernig heiraten zu wollen, versucht ihre älteste Schwester, das zu verhindern, und will sie erneut in die »Landes-Irrenanstalt« einweisen lassen. Dass der Schwester dies nicht gelingt und Christine Lavant die Ehe mit Josef Habernig dennoch eingeht, rettet der Dichterin wahrscheinlich das Leben. Nach der Eheschließung zieht Josef Habernig zu ihr in die Dachkammer.

Ab 1940 gilt auch für Kärnten das T4-Programm der Nazis, das die sogenannte »Vernichtung lebensunwerten Lebens« in Gang setzt. Zwischen Juni 1940 und Juli 1941 werden in vier Transporten zunächst etwa 600 Personen aus der psychiatrischen Abteilung Klagenfurt per Zug nach Linz und dann weiter per Bus ins Schloss Hartheim bei Linz gebracht. Dort ist im Erdgeschoss eine Gaskammer eingerichtet, in der die zum Sterben bestimmten Ankömmlinge mit Kohlenmonoxid vergast und ihre Leichen anschließend in einem ebenfalls hauseigenen Krematorium verbrannt werden.

Im August 1941 wird das T4-Programm nach außen hin zunächst gestoppt, da eine Rede des Bischofs von Galen in Münster die Vorgänge beim Namen nennt und die Öffentlichkeit aufrüttelt: »Jene unglücklichen Kranken [müssen] sterben, (…) weil sie nach dem Urteil irgendeines Amtes, nach dem Gutachten irgendeiner Kommission lebensunwert geworden sind, weil sie nach diesem Gutachten zu den unproduktiven Volksgenossen gehören. Man urteilt: Sie können nicht mehr Güter produzieren, sie sind wie eine alte Maschine, die nicht mehr läuft, sie sind wie ein altes Pferd, das unheilbar lahm geworden ist, sie sind wie eine Kuh, die keine Milch mehr gibt. Was tut man mit solch alter Maschine? Sie wird verschrottet. Was tut man mit einem lahmen Pferd, mit solch einem unproduktiven Stück Vieh? Nein, ich will den Vergleich nicht bis zu Ende führen, so furchtbar seine Berechtigung ist und seine Leuchtkraft.«[11] In seiner Predigt erzählt der Bischof auch von einer Familie, die ihren alten Vater besuchen wollte und ihn nicht mehr vorfand, weil dieser bereits deportiert war. »Den Angehörigen werde in einigen Tagen Nachricht gegeben werden. Wie wird diese Nachricht lauten? Wieder so, wie in anderen Fällen? Dass der Mann gestorben sei, dass die Leiche verbrannt sei? Dass die Asche gegen Entrichtung einer Gebühr abgeliefert werden könne?«[12]

In Lavants »Aufzeichnungen aus dem Irrenhaus« lese ich: »Es wachsen hier ewig Berge der Qual, aber die Gipfel bilden jene, die täglich liebend hierherkommen und verzweifelt wieder gehen.«[13]

Christine Lavant strickt.

Sie strickt 1940. 1941. 1942. 1943. 1944. 1945.

Strickt, malt und liest.

Sie überwintert.

Wer weiß, wie lange der Winter noch dauern wird.

»Heim zu den Zwiebelchen«[14] ist die letzte Zeile eines ihrer erst viel später geschriebenen Gedichte.

Ab Herbst 1941 wird das Töten von den Nazis im Stillen weitergeführt, wird es in die jeweiligen Einrichtungen selbst verlegt – als sogenannte »wilde Euthanasie«. Die im Klagenfurter »Gaukrankenhaus« zum Sterben bestimmten alten oder psychisch kranken Menschen werden ins abgelegenere Hinterhaus der Geriatrie gebracht. Dort wird ihnen auf Anweisung des Primarius von eingeweihten Schwestern und Pflegern eine Überdosis von Beruhigungsmitteln gegeben. Zu den Ersten, die diesen Weg gehen müssen, zählen neben den für das Personal besonders anstrengenden Patienten und den musterungsunfähigen Männern auch diejenigen, die auf Gemeindekosten im Krankenhaus sind. In einem 2006 erschienenen Artikel darüber heißt es: »Nach ihrer sozialen Zugehörigkeit überwiegen die Angehörigen der unteren, respektive der ins Elend geratenen Klassen bei weitem.«[15] Damit für die Pathologen klar ist, dass bei den Mordopfern die wahre Todesursache nicht genannt werden soll, wird die linke obere Ecke der Obduktionszettel umgeknickt.

Zwischen 1940 und 1945 werden in Kärnten insgesamt an die 1500 alte und psychisch kranke Menschen ermordet.

Nach Kriegsende kommt es aufgrund der in der Kärntner Bevölkerung schon länger kursierenden Gerüchte ab Oktober 1945 zu Befragungen der Verantwortlichen, im Februar 1946 zur Anklageerhebung und im März und April dann zum Klagenfurter »Euthanasie«-Prozess, der von der Berichterstattung in der Presse ausführlich begleitet wird. Vier der dreizehn Angeklagten werden zum Tode verurteilt. Der Arzt Dr. Meusburger, dem Christine Lavant während ihres Aufenthalts in der »Irrenanstalt« als Patientin unterstellt war, gesteht als Zeuge, von den Tötungen »umfassende Kenntnis gehabt«[16] zu haben, gegen ihn wird jedoch keine Anklage erhoben.

Ein halbes Jahr später setzt Christine Lavant sich hin und schreibt ihre »Aufzeichnungen aus dem Irrenhaus«.

Sie schreibt über ihre Leidensgenossinnen von vor zehn Jahren, und diese Porträts sehen, wenn man das alles weiß, auf einmal wie Nachrufe aus.

Sie schreibt auch über sich, die leicht an deren Stelle hätte sein können.

Sie schreibt darüber, wie es war, beim Bürgermeister darum feilschen zu müssen, dass die Gemeinde für einen solchen Aufenthalt bezahlt.

Schreibt darüber, dass nur zahlenden Patienten erlaubt wurde, beim Baden die Tür zu schließen. Um *ihre* Badewanne stehen die verwirrten Gestalten und starren auf sie hinunter.

Sie schreibt auch darüber, dass nur zahlenden Patienten erlaubt wurde, Messer und Gabel zu benutzen. Die Gemeindearmen müssen beim Abendbrot Gemüse und Fleischfetzen »mit den Fingern herausfischen«[17].

Sie schreibt darüber, wie schwer es ist, nach Hause zurückzukehren, wenn jeder Nachbar weiß, dass man auf Kosten der Gemeinde im Irrenhaus war.

Wenn jeder Nachbar weiß, dass da eine Irre ist, zu keiner richtigen Arbeit imstande.

Nur zum Schreiben.

Zwei rechts, zwei links.

In einem Brief schreibt sie 1962: »Ich denke immer an alle Gefangenen, Gefolterten und Irrsinnigen.«[18]

12

Die Gegend, aus der Christine Lavant stammt, ist ausgehöhlt vom Bergbau. Auch heute noch kann es passieren, dass sich auf einer Wiese plötzlich ein Loch in die Unterwelt auftut. Oder dass ein Kinderspielplatz vom Versinken bedroht ist.

Vor dem Frühstück habe ich eine Mail beantwortet und einen Handwerker angerufen und etwas zu- und etwas anderes abgesagt und gemerkt, dass ich ein Passwort vergessen habe, und meinen Einkaufszettel gesucht, damit ich noch *Vogelfutter* draufschreiben kann.

Nach dem Frühstück bin ich mit einer Tasse Tee am Küchentisch sitzen geblieben und habe in dem Band mit aus dem Nachlass veröffentlichten Gedichten Christine Lavants nach einer bestimmten Zeile, an die ich mich erinnerte, gesucht. Bin dann aber, obgleich ich den Band schon viele, viele Male durchgeblättert und darin gelesen habe, plötzlich auf ein mir noch völlig unbekanntes Gedicht gestoßen.

Deinen Augen die Bilder
deinen Ohren die Stimmen
aber die Essigmutter der Todesangst
nehme ich mit in die Erde.

Deinem Scheitel meine Sonne
deinem Brustkern mein Brunnen
aber das Salzschöpfer-Handwerk
kann ich niemanden lehren.

Mein Mut deinem Wachsein
meine Sanftmut deinen Träumen
aber den Wespenkrug meines Willens
dem Tod ins Gehäuse![1]

Die aufgelassenen Schächte des Lavanttaler Bergbaus werden heutzutage dort, wo sie den modernen Alltag gefährden könnten, mit Beton verfüllt. Wenn der Schacht zum Beispiel unter einer Straße hindurchführt, spritzt man auf der einen Seite der Straße den Beton unter Druck hinein, auf der anderen ist eine Öffnung angebracht, aus der das Wasser, das sich im Schacht angesammelt hat, austreten kann, wenn es vom Beton verdrängt wird. Wenn schließlich der flüssige Beton, der auf der einen Seite hineingedrückt wurde, durch das Rohr auf der anderen Seite wieder austritt, weiß man, dass der Schacht vollkommen gefüllt ist und, sobald der Beton ausgehärtet ist, nicht mehr einbrechen kann.

Was aber mit den Abgründen, die sich auftun, während ich einfach nur an meinem Berliner Küchentisch sitze und lese?

aber den Wespenkrug meines Willens
dem Tod ins Gehäuse!

Der Unternehmer Hans Schmid hat mehrere Nachlässe mit Dokumenten von und zu Christine Lavant aufgekauft, die liegen bei ihm im Tresor. Ungefähr einmal im Monat gehe er an den Tresor, hole sich das eine oder andere Schriftstück hervor und lese darin.[2]

Ich stelle mir vor, wie er abends in einem riesigen halbdunklen Haus allein an seinem Tresor steht, einen Brief, eine Manuskriptseite in Händen, und liest.

Hans Schmid hat schon in jungen Jahren mit einer eigenen Werbeagentur viel Geld verdient, später etliche Wiener Weinberge gekauft und schließlich auch das Kaufhaus Steffl auf der Kärntner Straße. Ob ich wisse, dass Mozarts Sterbehaus noch bis vor hundertfünfzig Jahren an der Stelle gestanden habe, wo heute das Kaufhaus Steffl ist? Nein, das wusste ich nicht. Eine Installation zu Mozart wolle er im Untergeschoss einrichten, um daran zu erinnern. Alles sei gerade im Umbau, sein Mitarbeiter könne mir die Baustelle gern zeigen.

In der Unterwelt des Kaufhauses Steffl hängen Kabel von der Decke, der Fußboden ist mit Malerfilz abgedeckt, junge Männer laufen mit Laptops herum und prüfen die Akustik. Hier wird der Raum zur »Zauberflöte« sein, hier der zum »Don Giovanni« und hier der zum »Requiem«. Ein privates Millionenprojekt dieses Mannes, der einmal im Monat an seinen Tresor geht und Christine Lavant liest.

aber den Wespenkrug meines Willens
dem Tod ins Gehäuse!

Aber, frage ich den Mitarbeiter des Unternehmers, wo ist denn eigentlich der Raum, also das Stück Luft, das an der Stelle ist, wo Mozart tatsächlich starb?

Der Ort, an dem bis vor hundertfünfzig Jahren das Zimmer war, in dem Mozart tatsächlich starb, ist gegenwärtig die Abteilung Herrenkonfektion. Aus dem Fenster im ersten Stock hat man den Blick, den auch Mozart an seinem letzten Lebenstag hatte – auf ein Haus, das heute noch steht. An der Stelle, an der Mozart zum letzten Mal geatmet hat, ist jetzt eine Umkleidekabine.

Ohne den Mann, der einmal in der Woche an seinen Tresor geht, um Christine Lavant zu lesen, gäbe es die Gesamtausgabe ihrer Werke nicht. Manchmal, wenn ich darin blättere, habe ich das Gefühl, dass diese Gesamtausgabe ein Eigenleben hat, dass sie mich, je nach Laune, überwältigt oder sich mir entzieht, mir manchmal einen Text zeigt, ihn an anderen Tagen unauffindbar macht.

13

Im Lavanttaler Heimatmuseum stehe ich vor dem Oberarmknochen eines Höhlenbären. In der gleichen Abteilung liegen auch der Rückenwirbel des Bären, ein Halswirbel und eine Kniescheibe.

Ich sehe auch den Zahn eines Waldnashorns, einen Schildkrötenpanzer und den Stoßzahn eines Mammuts. Letzterer wurde in der Wolkersdorfer Grube gefunden, südlich von St. Stefan.

In einer anderen Abteilung des Ausstellungsraums steht eine Gruppe von Figuren, bekleidet mit Originalkostümen vom Ende des 19. Jahrhunderts. Ihre Hüte und Kopfbedeckungen schweben, an Angelsehne aufgehängt, über ihnen, aber die Gesichter fehlen, weil die Schneiderpuppen keinen Kopf haben.

Es gibt in dem Museum auch eine Abteilung für Christine Lavant. Dort ist in einer Vitrine ihre Schreibmaschine zu sehen, die sie zu Weihnachten 1946 von Gertrude Purtscher, der Frau des Augenarztes, geschenkt bekommen hat. Es ist eine Mercedes Prima, sie ist schwarz und auf einer Grundplatte befestigt, auf die man den Deckel aufsetzen kann. »Ach ich bin ja so froh und komme mir so unheimlich reich vor! Und niemand kann sie mir wegnehmen … ich werde vielleicht nie mehr so ganz traurig und verzweifelt sein können, seit ich diesen stummen geduldigen Freund habe.«[1]

In einer anderen Vitrine ist der türkische Teppich ausgestellt, den sie von ihrer einzigen Fernreise, aus Istanbul, mitgebracht und immer über ihren Lesesessel gebreitet hat. Es gibt in der Vitrine auch ein Foto von ihr, auf dem sie wie eine Braut aussieht, von oben bis unten ist sie da in einen langen weißen Schleier gewickelt, aber es kann kein Hochzeitsfoto sein, denn es ist datiert von 1958. Und sie, die vermeintliche Braut, die Kettenraucherin, hält eine Zigarette in der Hand. Auch diesen Schleier hat sie sich in Istanbul gekauft.

Später, als ich im Klagenfurter Archiv neben den Büchern noch zwei schöne Schachteln aus ihrem Nachlass finde, ist die eine leer, und in der anderen ist dieser Schleier.

Im Museum gibt es schließlich auch eine Abteilung »Wolfsberg als Lagerstadt«. Drei Lager hat es in Wolfsberg im letzten Jahrhundert gegeben. Ein Kriegsgefangenlager während des Ersten Weltkriegs, ein Kriegsgefangenenlager während des Zweiten Weltkriegs, und ein Kriegsverbrecherlager nach dem Ende des Zweiten Weltkriegs. Die Kriegsgefangenen des Zweiten Weltkriegs waren im sogenannten »Stalag 18a« untergebracht. Zwischen 1940 und 1945 leisteten sie Zwangsarbeit auf den Höfen der Umgegend, auch im Bergbau und in den Industriebetrieben in und bei Wolfsberg.

Nur in einigen frühen Prosatexten Christine Lavants gibt es streiflichtartige Beobachtungen aus der chaotischen Zeit am Ende des Krieges, gibt es hier und da politisches Vokabular, wird von SS-Männern gesprochen, von slowenischen Partisanen, Flüchtlingen, Ausgebombten. Gibt es Berliner Dialekt, *jawoll,* gibt es das Wort »Gestapo«, das Wort »Konzentrationslager«. Da beschreibt sie, wie einer, der sich noch schnell mit dem Zug absetzen will, sich »in der Spiegelung des Waggonfensters Hitlerbart und Hitlerfrisur«[2] abändert. Die Eisenbahnlinie, auf der der Zug dann ins Stocken kommt, wird Plünderern überlassen. »Warum gibt es auf einmal keinen einzigen Mann mehr? Denken sie wohl, es hätte genügt, solange Mann zu sein, bis die ganze Welt ein Brei aus Hass Elend und Schande geworden ist, und es gäbe jetzt nichts mehr zu tun, als in die Berge oder bestenfalls ins eigne Herz zu flüchten?«[3] Etwas später gibt die Hauptfigur, die Reichsarbeitsdienstführerin a. D. Hanna, jemandem, der das Chaos als »Hölle« bezeichnet, zur Antwort: »Das, mein Lieber, ist Erde … Erde und nichts als Erde! … Himmel und Hölle, sofern sie existieren, haben daran so wenig Teil wie Sie und ich am Kreisen des Mondes … Aber hier haben wir Teil und hier können wir alles. Glauben Sie, dass etwa Engel gemordet geplündert ausgesiedelt und Konzentrationslager geschaffen haben? … Das waren wir … Ja ja, alle Wir, keiner blieb dabei aus. Und jetzt heisst es antreten und die Handlungen umkehren.«[4]

Es gab also die Wahrnehmung dieser Wirklichkeit durch Christine Lavant, aber selten gibt es, wie in diesem Text, bei ihr eine explizit politische Sprache dafür. In den sechs Jahren zwischen 1945 und 1951, in denen sie Prosa schreibt, probiert sie einiges aus, aber letztlich erweist sich der Blick auf die politische Gegenwart nicht als das, was ihr den eigentlichen Antrieb zum Schreiben liefert. Erst mit der Aufarbeitung ihrer persönlichen Erfahrungen, die während der Nazizeit, da sie, wie sie sagt, »zu Stummheit verurteilt war«[5], ungeschrieben bleiben mussten, kommt sie bei ihrem ureigenen Schreiben an. Sie hat Leben nachzuholen, und Leben heißt bei ihr Schreiben. In einem der ersten Briefe, die sie auf der neuen Schreibmaschine 1946 an die Tochter der Spenderin, Gertrude Purtscher-Kallab, schreibt, heißt es: »Solange ich schreibe, bin ich glücklich, wenn es auch oft mit solchen Schwierigkeiten verbunden ist, von denen sich Wenige eine Vorstellung machen können. (...) Aber das Schreiben ist halt das Einzige, was ich habe. Es ist meine schmerzhafte Stelle u. zugleich die heilende Salbe. Ich lache und weine darinn, bete an u. verspotte, wage und spiele, bin hochmütig und großartig und schließlich elend und erniedrigt. Alles spielt sich nur darinn ab, wie sollte ich da irgendwo außerhalb noch teilhaben?«[6]

In dem Moment, in dem das Schreiben von den Mitbürgern nicht mehr als Zeichen ihres vermeintlichen »Irreseins« angesehen werden kann, als Zeichen einer Krankheit, die, zumal wenn sie die sogenannte »Volksgemeinschaft« Geld kostet, womöglich unter Todesstrafe gestellt wird, also als äußerliche, ihr willkürlich zugewiesene Schuld, kann Christine Lavant endlich selbst über die Wurzel ihres Schreibens nachdenken – die »schmerzhafte Stelle u. zugleich die heilende Salbe«. Über den Ausgangspunkt ihres Schreibens, ihr Leiden – und die Auflehnung dagegen. Die Flucht ins Schreiben. Und über das Schreiben als Schuld, ja, aber nun in der Innenansicht.

Ihre Aufarbeitung ist radikal, geht buchstäblich an die Wurzel – wie nicht anders möglich bei jemandem, der es ernst meint mit dem Schreiben, und zwar radikal in erster Linie sich selbst gegenüber. Das ist der Preis für den Blick auch auf die anderen Menschen, denen man in der eigenen Gegenwart begegnet ist, die man aber nun zum Anschauen hinstellt für alle nachfolgenden Zeiten. In einem der unveröffentlichten Typoskripte, die ich im Klagenfurter Archiv lese, schreibt Christine Lavant: »Ich aber bin vierzehnjährig unter dem Vogelkirschenbaum gesessen und habe in meiner verfluchten unkindlichen Verzweiflung Worte in dieses Tagebuch geschrieben, so abgeschmackt, verirrt, wie eben nur eine Vierzehnjährige sie schreiben kann, die täglich mit dem Vorsatz aufsteht, sich zu erhängen. Ich würde mir die Haut in kleinen Streifen vom Leib schneiden lassen, wenn ich wenigstens die eine Stelle nicht geschrieben gehabt hätte.«[7] Ein draußen liegengelassenes Tagebuch, das die Mutter, ohne es zu wollen, findet. »Ich hatte geschrieben: Wer wird mich je lieben können, hässlich, wie ich bin? Meine Mutter? Was habe ich davon, die ist selbst alt und hässlich, ich aber will, dass mich jemand liebt, der schön ist.«[8] Das Zeichensystem der Schrift, das sich vom Urheber ablöst und eigene Wege geht. Das ihn oder sie erkennbar macht und verrät. Sich selbst ausliefern – aber auch den andern, der einem so nahe ist, dass er nicht herauszureißen ist aus dem Kunststück. Der »zähe Klettenstrauch, darin dein Kunststück hängt«[9]. Mit dem Schreiben beginnt die Schuld des Schreibens. In einem anderen dieser unveröffentlichten Prosatexte beschreibt sie diese ihre Tagebuchaufzeichnungen als »die verfluchten Sätze, die das Kind in mir getötet haben, um dafür die Feindschaft einzusetzen zwischen mir und der Liebe, zwischen mir und der Demut, zwischen mir und der Wärme. O Jesus, Jesus, es war ein Mord, ein Totschlag aus Hochmut und Eitelkeit.«[10] So ein paar Buchstaben auf Papier. Wie ein Wesen mit eigenem Leben begabt, nicht mehr einzuholen vom Schöpfer.

Jeder, der nah am eigenen Leben schreibt, kennt diese Gratwanderung. Ein unerträgliches Zuviel oder Zuwenig treibt einen aus der Wirklichkeit hinaus – und ins Beobachten hinein. Aber mit der Macht des Blicks, die man gewinnt, büßt man die Zugehörigkeit ein. Schreiben als Verrat an der Gemeinschaft. Die Autorin Natascha Wodin, acht Jahre lang mit dem Autor Wolfgang

Hilbig verheiratet, schreibt über diesen: »Sein Lebensthema war die Schuld des Schreibens, das für ihn immer eine konspirative, verbotene Tätigkeit blieb, etwas, das er in Heimlichkeit und immer in Angst vor Strafe betrieben hat.«[11] Was Christine Lavants weise und lebenserfahrene Mutter angeht, so war sie durchaus keine Strafende, sondern überging das Vorkommnis, für das ihre Tochter sich so sehr schämte, offenbar mit größter Nachsicht. Unverändert räumt sie eine ganze Jugend lang ihrer Tochter Christl den Fensterplatz zum Schreiben ein und hält die Geschwister davon ab, das junge Mädchen beim Schreiben zu stören, und zwar mit den Worten: »Lasst das Kind, sonst vertreibt ihr den Geist!«[12]

Wo das Bewusstsein von Sünde installiert ist, aber die Strafe ausbleibt, findet bei Christine Lavant Erkenntnis statt.

> Jetzt bin ich wieder wie ein Stern,
> wer gab mir solches Strahlen?
> Wem werde ich mit bitterm Kern
> die süsse Frucht bezahlen?[13]

Als zum ersten Mal Prosatexte der inzwischen Dreißigjährigen in Buchform erscheinen, wird sie von der alten Frage noch einmal eingeholt. Sie war froh, dass sie mit dem Stuttgarter Brentano Verlag einen deutschen Verlag gefunden hat, weit weg von St. Stefan – und hat zum ersten Mal den Künstlernamen »Christine Lavant«

benutzt. Dennoch erreicht ihre Erzählung »Das Krüglein« mit zwei Jahren Verspätung im August 1951 die kärntnerische Provinz, wird ihr Pseudonym von den Wolfsberger Nachrichten offengelegt. Für sie ist das eine Katastrophe: »Seit einer Viertelstunde schon läuten von unserem Dorfkirchlein her alle Glocken. Es ist Umgang, Laurentius. Ich wagte mich nahezu nicht aufs Postamt, weil ich fürchtete, die Kirchleute zu treffen. Bekannte Bauersleute, die alle – seit hier das »Krüglein« bekannt worden ist – eine Riesenwut auf mich haben. Das ist mir nicht gleichgültig, aber ich kann nichts mehr dagegen machen; – wenn ich geahnt hätte, dass die Bücher je auch nach Österreich eingeführt werden, so hätte ich sie sicher nie geschrieben. Das ist das Schwere, wenn man als Dichter nur aus der Wahrhaftigkeit etwas holen kann, dass man dann Vorgänge blosslegt und in die Öffentlichkeit bringt, die besser verborgen bleiben. Ich habe grosse Mühe, das Gefühl der Schuld von mir wegzuschieben. Hätte ich die Mittel, so ginge ich von hier weg, trotzdem ich sehr unter Heimweh litte.«[14]

Das Wahrnehmen der eigenen Nacktheit und der Nacktheit des anderen als Ursünde – aber auch als das, wozu der Schreibende in der Welt ist, stellvertretend für die schweigende Mehrheit. Der Autor Uwe Kolbe schreibt seinerseits in den Erinnerungen an Hilbig: »Uns umgab und prägte die düstere Anwesenheit nicht verstehender oder mißverstehender Menschen, mit denen wir den

Alltag von Kindheit an teilten, mit denen es aber keine gemeinsame Sprache gab, obwohl das erwachende Bewußtsein sich verzweifelt mühte, verstanden zu werden. Im Gegenteil, gerade, wenn einer nun anfing zu schreiben, verabschiedete er sich von diesen Menschen mit jedem Wort, das er ihnen widmete, das an sie gerichtet war, mit dem er ja gerade ihnen Sprache geben wollte, ihnen, von denen er herkam, mit denen er immer gelebt hatte, mit ihrer Geschichte und ihrem Aufschrei in der Geschichte, d. h. eben ihrer Abwesenheit … Gerade darin, damit, an dieser Wurzel seines Schaffens wird ein solcher Schriftsteller nicht verstanden, wird er der Arroganz geziehen und der Undankbarkeit. Und er findet sich selbst undankbar, und er steht den Verzweifelten gegenüber mit seiner Verzweiflung.«[15]

Es ist kein Zufall, dass auch Wolfgang Hilbig aus ärmsten Verhältnissen stammte, dass er, ähnlich wie Christine Lavant, nur acht Jahre die Schule besucht und zunächst einen Arbeiterberuf gelernt hat.

Sicher, die Zeit überwächst irgendwann alles, die Erinnerung an die konkreten Leben wird irgendwann ausgelöscht und die Essenz der Erzählung, wenn sie denn da ist, bleibt. Mit einem Fuß steht jemand, der schreibt, in der Ewigkeit, mit dem anderen aber immer auch in der eigenen Gegenwart, in einem Beziehungsgeflecht lebendiger Menschen. Das ist die Zerreißprobe, die sich einem mit jedem Text neu stellt. Als die Autorin und

Eliot-Übersetzerin Nora Purtscher-Wydenbruck, die ihre Übersetzung von Lavants »Aufzeichnungen aus dem Irrenhaus« zuerst einem britischen Verlag angeboten hat, den Text schließlich 1958 in einer Hörspielfassung bei der BBC unterbringt, fleht Christine Lavant ihre Freundin an, die Veröffentlichung zurückzuziehen. »Die Aufzeichnungen aus dem Irrenhaus dürfen nicht gedruckt werden. Damals, als ich sie Ihnen überliess, war die Situation eine ganz andere, und trotzdem ist es schon immer wie ein Albdruck auf mir gelegen, und jetzt war ich schwer krank, hohes Fieber, wohl asiatische Grippe, mein Denken im Fieber und im Bewusstsein ernstlich mit dem Tod beschäftigt, und da war mir nichts so schwer als wie der Gedanke, dass diese Aufzeichnungen gedruckt würden, und dass ich es nimmer verhindern könnte. Bitte bitte, verstehen Sie mich. Ich habe auf dieser Welt gar nichts mehr als meine Geschwister, und diese würden durch die Veröffentlichung der Aufzeichnungen peinlich blossgestellt, und ihre Ehen würden auch zerstört werden.«[16]

Andere Schriftsteller brechen mit ihren Familien, gehen auf und davon. Christine Lavant ist bis zu ihrem Tode in dem Dorf, aus dem sie stammte, geblieben. Das Geld ihrer Literaturpreise hat sie vor allem zur Unterstützung ihrer Schwestern ausgegeben, sie hat die Kinder der einen gehütet, die Alkoholikerin war, manchmal fehlte ihr sogar in den späteren Jahren noch das Fahrgeld, um zum siebzig Kilometer entfernten Tonhof zu den Lampersbergern zu fahren. Sie ist in ihrem ursprünglichen Leben, in dem engen Umkreis ihrer Kindheitsjahre, geblieben – und zugleich in einem ganz anderen Umkreis zu Hause gewesen. Das dörfliche Beziehungsgeflecht hinderte sie ebenso, wie es ihr half, es übte Druck aus und gab ihr Material, es machte sie heil und zugleich kaputt. »Daheim-Höhle« nennt sie es in einem Brief an Maja Lampersberg 1959 und schreibt: »Ich will nicht mehr von hier weg, ich will nirgends wohin, auch auf den Tonhof nimmer. Es ist immer eine zu große Umstellung not, aus meiner alltäglichen Umwelt in eine andere zu kommen, und meine Kraft ist aus.«[17]

Ingeborg Bachmann, auch sie eine Kärntnerin, elf Jahre jünger als Christine Lavant, hat den berühmten Satz geschrieben: »Die Wahrheit nämlich ist dem Menschen zumutbar.« Ingeborg Bachmann geht davon aus, dass die Gesellschaft selbst auf der Suche nach Wahrheit sei. Dann wäre das Schreiben also Gewalt in beiderlei Sinn: Beherrschung und Verletzung, aber Verletzung nicht um der Verletzung willen, sondern um zu zeigen, dass, wie Ingeborg Bachmann schreibt, »unsere Kraft weiter reicht als unser Unglück«[18].

14

Das eigene Leben bewahren, ohne den eigenen Willen aufzugeben, Kompromisse eingehen, die einen nicht die Seele kosten – wie das gelingen kann, und auch, wie manche ihrer Figuren tragisch daran scheitern, hat Christine Lavant in ihren Texten beschrieben. Was sie selbst einmal über den dänischen Erzähler Andersen gesagt hat: »Andersen lügt nicht!«[1] – das trifft auch auf sie zu. Zu gründlich hat sie die dunklen Seiten des Lebens am eigenen Leib erfahren, zu scharfsinnig durchschaut sie die gesellschaftlichen Zusammenhänge, als dass sie sich mit dem leichten Trost einer Illusion zufriedengeben könnte. Über Andersens Märchen vom »Mädchen mit den Schwefelhölzern« schreibt sie: »Ich danke heute noch Gott, dass er dem Andersen bei dieser Geschichte keine reiche Dame hat einfallen lassen und auch sonst nichts, was dem Schwefelholzmädchen sein Schicksal verbogen hätte. Durch diese herrliche, tapfere, hoffnungslose Geschichte hat vielleicht nicht zuletzt auch mein Schicksal den geraden Weg behalten.«[2] Mitfühlend und genau beschreibt sie in ihren Erzählungen, welche Position insbesondere armen und alleinstehenden Frauen und Mädchen der damaligen Zeit zugebilligt und zugemutet wurde. Die latente oder auch unverhohlene Drohung, sich auf die eine oder andere Art unterzuordnen, sich in Abhängigkeiten zu begeben oder vielleicht sogar prostituieren zu müssen, nur um das eigene Leben fristen zu können, begegnet vielen weiblichen Charakteren in Lavants Erzählungen, manchmal als Nebenereignis, oft auch als zentrale Frage auf Leben und Tod.

Es scheint, als sei ihr selbst sexuelle Gewalt erspart geblieben, aber nah genug ist diese Gewalt wohl auch ihr gekommen, um die Frage danach aufzuwerfen, wie sehr das Leben einer Frau nicht nur von ihrer sozialen und finanziellen Unfreiheit, sondern auch von der physischen Unterlegenheit dem Mann gegenüber geprägt wird. In einem autobiografischen Text, den sie für eine Freundin schreibt, erzählt sie von dem sechzig Kilometer langen Fußweg nach Klagenfurt, den sie als junges Mädchen zu einer geliebten Lehrerin, die dorthin umgezogen war, unternahm. »(…) dass plötzlich an einer Biegung der Strasse aus Gesträuch Männer kamen und Dinge sagten, die fremd und furchtbar waren. (…) Am leichtesten ging es noch da vorüber, als ein Herr im Lederrock sein Motorrad verhielt und dasselbe wie die anderen wollte, aber natürlich, da er ein Herr war, viel herrischer und roher, ohne Lockung, ohne Versprechung, einfach mit der Begründung, dass ein Mädchen, das sich auf der Landstrasse herumtreibt, dazu da sei. Obwohl er dann auf die bloß stummstarrenden Augen hin, die so wenig und so viel begriffen, und ihn abhielten wie eine Mauer, einen entsetzlichen Fluch schleuderte, einen Fluch, so roh und so nackt, dass die Kindheit darunter zerbrach wie von einem Stein, so war dies doch leichter als die frostbleichen Gesichter der Armen, die alle noch etwas wie eine Entschuldigung geflüstert hatten.«[3]

Christine Lavant kann ihr Schreiben nicht verstellen. Sie kann nicht schön schreiben, wo die Wirklichkeit hässlich ist. Und so hört sie, nachdem im August 1951 ihr Pseudonym aufgedeckt worden ist, ganz und gar auf, Erzählungen zu schreiben. Sie hat nicht die äußere Freiheit, ihr Umfeld zu verlassen – und nicht die innere, die Menschen, die ihr wichtig sind, vor den Kopf zu stoßen. Der Germanist und Lavant-Spezialist Klaus Amann beschreibt ihre Entscheidung so kurz wie treffend, wenn er sagt, sie »emigrierte aus der Prosa«[4].

15

Nach dem Tod der Eltern war es ihr im Jahr 1939 gelungen, sich aus ihrer gefährdeten Position als Dorfarme und als eine, »die spinnt«[1], wie es im Dorf hieß, durch die Heirat mit Josef Habernig, einem zwar begabten, aber nur leidlich erfolgreichen Landschaftsmaler, unter den Schutz einer Ehe zu retten. Allerdings ist Josef Habernig fast vierzig Jahre älter und ein bereits Geschiedener. Dass er sich überhaupt ein zweites Mal verheiraten darf, ist dem Anschluss Österreichs ans Deutsche Reich geschuldet. Beide führen eine scheel beäugte »Künstlerexistenz« am Rande der dörflichen Gemeinschaft.

In einem erst posthum in der Gesamtausgabe veröffentlichten, kaum verhüllt autobiografischen Text mit dem bezeichnenden Titel »Kubinchen« (abgeleitet von Konkubine) schreibt sie darüber: »Akademischer Maler nannte er sich (…). Gut, für so einen war sie vielleicht gerade die Rechte. Hatte man Ernelinde früher spottweise Armelintsche genannt, so hieß sie nun langefort Frau Habenichts. Mehr tat man den beiden nicht an und ließ sie in Frieden auf Gottes schönem Erdboden und mitten im Dorfe leben. Wovon sie das taten, wusste allerdings kein Mensch. Angeblich soll er dann und wann tatsächlich ein Bild verkauft haben, weil es eben noch viele gute Narren auf dieser Welt gibt.«[2]

Christine Thonhauser hat Josef Habernig auf der Straße, beim Malen, kennengelernt, sie erzählt einer Freundin von dem Mitleid, das sie mit ihm gehabt habe, als sie ihn mittags nur Brotkanten essen sah. Josef Habernig wird gemocht haben, dass sie sensibel, mehr noch, dass sie besorgt um ihn war. Eine Schreibende ist sie zu der Zeit nicht. Von ihm lernt sie das Aquarellieren und findet in ihm wohl auch einen Gesprächspartner für ihre Lektüren. Vor allem aber führt sie Herrn Habernig, wie sie ihn in den späteren Jahren der Ehe nennt, den Haushalt, sie wäscht, kocht, putzt und verdient durchs Stricken weitgehend den Lebensunterhalt für sie beide – während er jeden Tag ein frisches Hemd anzieht, sich in Anzug und mit Spazierstock vormittags nach Wolfsberg begibt, um sich dort mit seinen Künstlerfreunden zu treffen, und nachmittags draußen malen geht. Sechs Jahre leben sie so miteinander, bevor Christine Habernig im Herbst 1945, zunächst heimlich, wieder mit dem Schreiben beginnt. Aber auch, nachdem ihr Mann sich damit arrangiert hat, eine Frau, die selbst Künstlerin ist, an seiner Seite zu haben, bleibt es für sie schwierig. Schreibmaschine schreiben, während sie zu zweit mit ihm in einem Zimmer wohnt – das allein ist schon eine Herausforderung. Und die Arbeitszeit zum Schreiben muss sich ein freischaffender Autor, zumal eine Frau, aus dem Alltag herausmeißeln.

»Wenn ich noch weiterschreibe, bekommen wir heute kein Mittagessen.«[3]

»Jetzt muss ich aufhören vom Schreiben, Herr Habernig hält seinen Mittagschlaf, und ich muss Geschirr abwaschen. Ansonsten bin ich dabei, den neuen Gedichtband zusammenzustellen.«[4]

»Es ist schon über zwölf Uhr, und mein Mann wird bald hungrig wie ein Löwe heimkommen, wehe mir dann, wenn das Essen nicht fertig ist, dann hör ich alle gewesenen und noch ausstehenden Sünden meines schwarzen Herzens aufeinmal aufgezählt.«[5]

»Er – mein Mann – hält eben Mittagschlaf, und ich möchte ihn nicht weiter durch das Klopfen der Maschine stören.«[6]

»So, das Bügeleisen ist heiß, ich muß dazuschaun, damit ich fertig werd, bis er heimkommt, denn dann hab ich keinen Platz mehr.«[7]

»Wie Du siehst, hab ich mir Allüren angeeignet. Kann auch nur mehr im Kaffeehaus schreiben. Oder sonst nachts, wenn er schläft.«[8]

Lass doch die Hoffnung in der flachen Glut!
Mit solchem Feuer können wir nicht streiten –
mein wildes Sternbild will zur Hölle reiten
und wiederkehren – eine Handvoll Mut
versprach es heilig mir um jeden Preis.
Steh auf jetzt Wille – hier das Körnlein Reis
wird dich versorgen für die nächsten Tage.
Sei nur nicht weichlich, denn die große Plage
der zähen Demut steht uns erst bevor;

die sucht uns heim! Die findet Tür und Tor
und überfällt uns beide noch im Traume …
Sie kommt bestimmt und riecht wie eine Pflaume
vom vor-vorletzten Herbst und schimmelt schon.
Was – du bist hungrig? Friß gebrannten Ton!
Friß diese Scherben, die dein Zorn zerschlagen.
Die welken Wurzeln hab ich längst vergraben –
du siehst die rote Blume niemals mehr.
Wo ist mein Stern? – Hat er die Wiederkehr
vielleicht vergessen? – Wille, trink mein Blut!
Hol ihn mir ein, beiß dich in seine Hand!
Ich halte hier der zähen Demut stand,
du aber hole mir die Hand voll Mut.[9]

16

Oft sitze ich in einem Zug, sehe aus dem Fenster und denke, da, wo das feuchte, braune Laub unter den Bäumen liegt, wäre ich lieber. Je schneller mich der Zug von so einem Wald entfernt, desto deutlicher sehe ich mich dort draußen, aber nicht bei einem Spaziergang, sondern liegend, nah an der Erde, so als wäre ich selbst schon ganz und gar Laub.

Mein Vater sagt: Natur ist nicht »schön« – sei du mal gezwungen, eine Nacht im Wald zu verbringen, bei Regen und Kälte, dann findest du Natur nicht mehr »schön«.

Ich weiß, was er meint. Ich nicke.

Über die elende erste Dachkammer im Hause des Bergmanns Juri, in der Christine Habernig mit ihrem Mann zunächst zwölf Jahre nach dem Tod ihrer Eltern verbringt, hat sie einmal einer Freundin geschrieben: »In der Nacht ließen uns die Ratten nicht schlafen. Wie eine Irrsinnige bin ich oft stundenlang am Bett gesessen u. habe mir den Kopf gehalten.«[1] Die Hausherrin dort führt ein strenges Regime, mit Vorschriften und Türschließzeiten, die eher wie Schikanen aussehen. Sie hätte die beiden Inwohner, die nicht viel Geld bringen, offensichtlich lieber heute als morgen auf die Straße gesetzt. Zeitweise muss Christine Habernig das Wasser einen

Kilometer entfernt im Dorf holen. Josef Habernig versucht in der Not, die Erlaubnis zu erlangen, dass er und seine Frau »in eine der Baracken des ehemaligen Gefangenenlagers einziehn dürfen«.[2] Aber nicht einmal das gelingt. Christine schreibt im Jahr 1948 einer Freundin: »(…) lange halte ich das alles wohl nimmer aus. Wenn Du wüßtest, wie ich mich fürchte, und wie ich mich auch vor dem Tod fürchte, denn ich habe ja kein Gift, und aus dem Wasser können sie einen wieder herausziehen, und das Erhängen ist so furchtbar. Aber es ist das einzig sichere und dauert bestimmt nur zwanzig Minuten, während diese Qual, in der ich jetzt lebe, unabsehbar ist.«[3]

Erst im Jahr 1950 können die beiden Eheleute das ungeliebte Quartier endlich verlassen. Die Kaufleute Lintschnig ermöglichen ihnen, in eine eigens für sie vorgesehene Dachkammer, die nach Südosten ausgerichtet ist und einen Blick auf die Koralpe hat, zu übersiedeln.

Aber selbst, sagt mein Vater, wenn man eine Hütte hat. Heizen ist anstrengend. Und eben: Wasser holen.

Es gibt ein Foto von Christine Lavant, auf dem sieht man, wie sie unter einer Pumpe eine Schüssel ausspült. Auch Kohle und Brennholz muss sie die steile Treppe zur Dachkammer hinauftragen.

Ich weiß, sage ich.

Und dennoch, wenn ich in einem Zug sitze und aus dem Fenster auf die vorüberfliegende Landschaft blicke, muss ich immer daran denken, wie es in einem Wald riecht, auf einem Sandweg, im Gras, muss ich immer denken, dass unser Garten jetzt, während ich nicht dort bin, leer dasteht. Dabei ist so ein Garten natürlich nie leer. Die Bäume sind da und haben ihre langsame Arbeit des Wachsens, die Ameisen gehen ihrer eigenen Wege, Vögel wechseln vom Gras ins Gebüsch, vom Gebüsch auf einen Ast, ganz so, wie sie wollen. Da sind Schnecken, die bei Regen hervorkommen und sich bei Trockenheit verkriechen. Wenn ich im Garten bin, sehe ich des Nachts den Mond und die Sterne, sehe die Milchstraße, ich sehe schwarzes Wasser, und wenn ich in die Hütte zurückkehre, weiß ich, dass all das, auch in meinem Rücken, immer weiter da ist. Auch da ist, wenn ich schlafe. Oder wenn ich am nächsten Tag in die Stadt zurückfahre. Und auch noch da sein wird, wenn ich nicht mehr da sein werde. All das ist im Dunkeln da, nächtelang, und auch im Hellen, tagelang, ist immer da. Leben, das sich nicht um mich schert. Zusammenhänge, von denen ich nicht die geringste Ahnung habe. Ganz von selbst trennt sich dort das, was wichtig ist, von dem, was nur wichtig aussieht. Wenn ich in einem Zug sitze, in einem Flugzeug, in einem Auto, unterwegs von nirgendwo nach nirgendwo, denke ich daran, dass all das da ist und lebt. Und dass auch ich lebe. Aber nicht ewig.

Christine Lavant hatte bei den Lintschnigs einen Birnbaum vor dem Fenster, sie war eine, die zeit ihres Lebens kilometerlange Wege zu Fuß gegangen ist, am Wegesrand standen Unkräuter, in den Gärten der Bauern wuchsen Dahlien und Rosen, Äpfel gibt es in vielen ihrer Gedichte, auch andere Früchte, und immer wieder die Kerne der Früchte. Sie hat gewusst, was in der Tiefe der Erde ist, die Erze, die Kohle, die Wurzeln, sie ist nächtens durch die Lavantauen spaziert, »für einen Landmenschen, [einen], der am Land aufwächst, ist es ja beinahe eine Todsünde, spazieren zu gehen, ja? Das kann man einfach nicht, das tut man nicht. Also bin ich halt abends spazieren gegangen und da hab ich den Mond beobachtet.«[4] Reiner Kunze hat ein ganzes Gedicht, »Mohnmond«, darüber geschrieben, was alles für Christine Lavant der Mond war.[5] Auch die Sonne tritt bei ihr auf: »Dass du nicht größer als ein Sperlingshaupt am Himmel aufkommst / Sonne! – Sonne! – Sonne!«[6], beginnt eines ihrer schönsten Gedichte. Der Schnee, die Winde, das Spiegelbild der Sterne in einer Pfütze, die Wasser in der Tiefe des Brunnens, das Feuer, die Asche. Nicht zuletzt die Tiere – Vögel, Iltisse, Ratten. Und dennoch hat das mit Naturromantik nicht das Geringste zu tun. Ist all das keine Außen-, sondern eine Innenansicht. Eine Innenansicht, die alles mit einschließt, als sei die Erde ihr Körper und das Weltall unter ihrer Schädeldecke zu Haus.

Die Sohlen haben noch immer Befehl
so aufzutreten, dass Wurzeln und Erz
oben ihre Geschwister spüren
die im Schuhwerk verwaisten.[7]

In einem anderen Gedicht heißt es:

Einmal werde ich verstehen
ganz und gar mit allen Sinnen
und das Erdblut wird mir rinnen
von dem Scheitel zu den Zehen.[8]

17

Erst vor wenigen Jahren ist, initiiert von Hans Schmid, im Wallstein Verlag die schon erwähnte, sorgfältig edierte Lavant-Gesamtausgabe mit vier je etwa achthundert Seiten umfassenden Bänden erschienen. Darunter ein Band mit bisher unveröffentlichten Gedichten und einer mit unveröffentlichter Prosa. Die Trennlinie zwischen den bereits früher veröffentlichten Texten und denen, die bis dahin unveröffentlicht waren, ist bei Christine Lavant weniger eine der Qualität, als eher eine soziale Grenze. Sowohl was ihre eigene Scheu betrifft, Menschen, die ihr nahestanden, zu verletzen, als auch, was den Blick auf sie betrifft, das Bild von ihr, das sich diejenigen, die jeweils die Auswahl insbesondere der Gedichte trafen, von ihr machten.

Für manche war sie eine »Seherin«, ein Begriff, der Sensationen verspricht, zugleich aber auch den Eindruck einer zutiefst seriös an ihren Texten arbeitenden Autorin verwischt. Manchmal habe sie an einem einzigen Tag, wird erzählt, acht oder zehn Gedichte geschrieben, dennoch kann man gerade bei den Gedichten Schritt für Schritt verfolgen, mit welcher Professionalität sie an der Genauigkeit des Ausdrucks gearbeitet hat. Denn auch als sie bereits die Schreibmaschine besaß, schrieb sie die Gedichte weiterhin mit der Hand, in graue oder rote DIN-A5-Schulhefte, meist mit Bleistift – und teils in Sütterlin, teils in Kurzschrift. Schrieb zunächst nur auf die rechte Seite und drehte dann, wenn sie am Ende des Heftes angekommen war, das Heft um. So stehen sich immer eine lesbare und eine auf dem Kopf stehende Seite gegenüber. Von den Gedichten machte sie mehrere Fassungen oder schrieb vollkommen neue Versionen, in denen sie nur noch einige Zeilen aus dem ursprünglichen Gedicht wiederverwendete. Zwischen den einzelnen Bearbeitungsstufen einer Fassung liegen manchmal nur Tage, manchmal auch Monate oder Jahre. Ein einziges Heft enthält so oft mehrere ganz verschiedene Gedichte oder Gedichtanfänge. Wenn ihr eines der Gedichte fertig zum »Abklopfen«, zum Abtippen, erschien, setzte sie einen Haken darunter. Und nahm bei diesem Abklopfen dann manchmal auch noch Änderungen vor.

Eine erste Fassung lautet zum Beispiel so:

> In deinen Spuren liegt das blaue Wild,
> erlegte Vögel unsrer Zärtlichkeiten.[1]

Die zweite Fassung dann:

> In deinen Spuren siecht das blaue Wild
> gefallne Vögel unsrer Zärtlichkeiten.[2]

Und schließlich die Druckfassung:

In deiner Spur verreckt das fromme Wild
die roten Vögel unsrer Zärtlichkeiten.[3]

Die Gedichthefte bewahrte sie in Pappschachteln unter dem Bett auf, dem einzigen Platz, den es dafür in dem einen Zimmer, das sie zusammen mit ihrem Mann bewohnte, gab. Vierundzwanzig dieser Hefte sind erhalten geblieben und liegen im Klagenfurter Archiv. Viele andere Gedichte existieren nur noch als abgetippte Unikate, die sie Freunden geschenkt hat, die Hefte dazu hat sie verbrannt. Weil sie sie schlecht fand? Weil unter einem Bett nicht unendlich viel Platz ist? Oder weil sie Papier zum Anheizen brauchte? »Und da hab ich natürlich Hunderte von Gedichten verbrannt, weil, das kann ich, ich bin eine gute Verliererin«[4], hat sie in einem Interview einmal gesagt.

18

Viele der berührendsten Gedichte Christine Lavants würde es nicht ohne die eine große Liebe ihres Lebens geben: die Liebe zum Maler Werner Berg. Sie lernt ihn auf der St. Veiter Künstlertagung im November 1950 kennen, wo eine Schauspielerin einige ihrer Gedichte vorträgt, während sie, zunächst unerkannt, mit Kopftuch in der letzten Reihe sitzt. Für viele, die erst nach der Lesung verstehen, dass sie die Autorin ist, muss es ein starker Eindruck gewesen sein, die Sprachgewalt der Gedichte mit dieser wie aus der Zeit gefallenen, bäuerlich anmutenden Frau zusammenzudenken. Im weiteren Verlauf der Tagung allerdings fügt sie sich in die Runde von Schriftstellern und bildenden Künstlern wie selbstverständlich ein: kettenrauchend, wie immer – und mit Eloquenz, Humor, Selbstbewusstsein.

Wenige Tage nach der Begegnung in St. Veit schreibt Werner Berg an Christine Lavant in einem Brief: »Wo immer ich auf den Urgrund der Kunst im Menschen stieß (…), hat es mich tief bewegt, nie aber habe ich eine Gewalt der Erschütterung geahnt, wie sie mich diesmal warf und wirft.«[1]

Wie es ihr selbst gegangen sein mag, lesen wir in einem Gedicht, das sie im Februar '51 an ihn schickt.

Du ergriffest mein Herz schon als ich dich ansah
am Abend
dort unter den Vielen wo keiner sein Herz sonst
bereit hielt
und wo man das Kleingeld der Freundlichkeit
richtig verteilte
in Augen und Hände.
Auch ich teilte gerne ich hatte so lang Erspartes
von dem mich zu trennen ein leisester Anruf genügte
es rieselte leicht mir aus streuend-gebogenen Fingern
und ganz ohne Leidtun.
Dann aber geschah es dass plötzlich mein Herz auch
ergriffen
und heimlich geöffnet von fremder Erwartung
sich fühlte
als würd einer Truhe das Innerste endlich entnommen
ein Schatz oder Erbteil.
Du griffest dies an doch schwiegen mir noch alle Sinne
nur Auftun war da ein zartes von Einsicht zu Einsicht
ich ahnte dich grabend auf Hügeln darunter der Tod
die Zwiebelchen rundet.[2]

Angefangen bei ihrer schwärmerischen Zuneigung zu dem Augenarzt, der die Neunjährige heilte und ihr auch in späteren Jahren verbunden blieb, bis zu ihrer liebesähnlichen Begeisterung für die Schriftstellerin Ingeborg Teuffenbach in der Nachkriegszeit ist sie bisher immer eine gewesen, die zwar gemocht und geschätzt, aber nie wiedergeliebt wurde. Zwar ist auch Werner Berg verheiratet, er lebt mit seiner Frau Amalie, genannt Mauki, und fünf Kindern auf dem Rutarhof in Unterkärnten, aber bald schon lädt er Christine Lavant ein, ihn dort zu besuchen. Sie antwortet ihm in einem Brief: »Ich würde für Ihre Frau und Ihre Kinder fleissig stricken, damit ich das Essen verdiene. Auch in der Küche könnte ich helfen, abwaschen und so.«[3] Zunächst aber besucht er sie in St. Stefan. Gleich am nächsten Tag schreibt sie ihm: »Die Sonne ist nimmer so schön klar, wie gestern, als Sie hier saßen und sie Ihnen ins Gesicht griff.«[4]

Für beide ist die Begegnung ein Lebensereignis. Werner Berg findet in Christine Lavant einen Menschen, der, ähnlich wie er selbst, in einer entbehrungsreichen Wirklichkeit verwurzelt ist und gerade dadurch eine ganz eigene künstlerische Sprache entwickelt hat, jenseits aller Moden, jenseits der Äußerlichkeiten des offiziellen Kulturbetriebs. Was Christine Lavant angeht, ist es so, als hätten ihre Gedichte endlich den Adressaten gefunden, den sie ihr Leben lang gesucht hat. In einem ihrer ersten Briefe schreibt sie an Werner Berg: »Ich sage das klarste ›Ja‹ zu Ihnen, das ein Mensch dem andern gegenüber verantworten kann und – alle herzlichen Folgen dieses Wortes schlicht und ungetrübt zu erhalten, wird meine ernste Mühe sein.«[5] Mauki, die vom ersten Besuch Lavants auf dem Rutarhof an die Intensität der Beziehung zwischen ihrem Mann und der neuen Bekanntschaft spürt, besitzt so viel menschliche Größe, die Situation zunächst nicht nur zu tolerieren, sondern die von ihrem Mann Bewunderte sogar mit großer Herzlichkeit zu empfangen. Und auch aus den Briefen, die Christine Lavant direkt an Mauki richtet, sprechen Respekt und Zuneigung. Mauki und die Kinder freunden sich mit der Dichterin an, ja, zeitweise erlangt diese beinahe den Status eines Familienmitglieds, in manchen Jahren verbringt sie die weihnachtlichen Feiertage auf dem Rutarhof, sie ist bei der Hochzeit der ältesten Tochter dabei, ihre Erzählungen werden abends im Familienkreis vorgelesen, und sie strickt Kleidung für die Kinder.

Nach einer Schaffenskrise hat Werner Berg durch die Begegnung mit Christine Lavant endlich wieder zu malen begonnen, sie sitzt ihm Modell – und so entstehen allein im ersten Jahr fünfzehn Porträts: sieben Ölgemälde, fünf Holzschnitte und drei große Zeichnungen. Er sieht die besondere, eigentümliche Schönheit dieser Frau, die auf Fotos neben ihm, dem großen, kräftigen Mann, so leicht und klein wie ein Kind wirkt, und dabei doch so einen alten, lebenserfahrenen Blick hat. Wie ein Wesen zwischen Nonne und Bäuerin sieht sie mit ihrem Kopftuch aus, das sie trägt, um die Narben, die sie bei einer Röntgenbehandlung in der Kindheit davongetragen hat, zu verstecken. Nur hin und wieder legt sie das Kopftuch ab. Werner Berg sieht ihre dunkle Nachdenklichkeit, ihren eindringlichen Blick, sieht auch ihre

Erschöpfung. Er spürt die Todesnähe in ihrem dichterischen Werk – so wie sie die Todesnähe in seinen Bildern.

Elf Jahre älter ist er als sie, hat im Ersten Weltkrieg einen Bruder, einen Schwager verloren. Ein anderer Bruder wurde lange vermisst. Noch vor Kriegsende ist sein Vater, wohl aus Schmerz über diese Verluste, gestorben. Sein enger Freund Curt Sachsse verließ 1936 nach Jahren der gemeinsamen Arbeit den Rutarhof im Streit und beging wenig später Selbstmord. Während der Nazizeit wurden 1938 zwei Bilder Werner Bergs in der Ausstellung »Entartete Kunst« gezeigt, damit war er vom Kunstbetrieb jener Jahre weitgehend ausgeschlossen. Werner Berg selbst wurde 1942 eingezogen und überlebte als Heeressanitäter und Kriegsmaler an der finnisch-russischen Front. Nachdem er Verwundete, Gefallene und russische Kriegsgefangene zu eindringlich porträtiert hatte, musste er sich im weiteren Verlauf des Krieges darauf beschränken, die karelische Landschaft dort, wo Gefechtsstellungen bezogen werden sollten, zu malen. In der Todesnähe, im Ausgestoßensein, vor allem aber in der Zerrissenheit zwischen tiefster Schwermut und exzessiver Kreativität sind Werner Berg und Christine Lavant einander wesensverwandt.

Leg auf meine Schulter deine Hand,
lass mich spüren das Gewicht der Liebe
und an meine Lippen tu den Mund.

Mancher betet sich zur Nacht gesund
mancher fällt anheim dem bittren Triebe
aber ich will ins gelobte Land.
In das holdgebliebne Menschenreich,
wo der Leib den Bruder Leib empfindet
und die Seelen traulich Schwestern sind;
wächst in meinem Schoße auch kein Kind,
so entsteht vielleicht ein Vers und findet
sich im Tiefsten deinen Bildern gleich.[6]

Je länger die außereheliche Beziehung andauert, desto mehr erweist sich andererseits, dass die künstlerische Arbeit und letztlich die ganze Existenz Werner Bergs von seinem Leben auf dem Rutarhof, das er seit zwanzig Jahren führt, nicht zu trennen ist.

Die Entscheidung für eine bäurische Lebensweise auf dem Land, fern der großen Städte, hatte der nach Österreich eingewanderte Wuppertaler Anfang der Dreißigerjahre gemeinsam mit seiner Ehefrau getroffen. Beide hatten sich beim Studium der Volkswirtschaft und Gesellschaftslehre in Wien kennengelernt, beide promovierten. Im Anschluss studierte Berg noch Malerei in Wien und München. Er wurde von Emil Nolde gefördert und war – bis zu einem Zerwürfnis – auch mit dem Maler Herbert Boeckl befreundet. Er schreibt gut, er spielt Klavier.

Und doch haben die beiden jungen Eheleute der bürgerlichen Gesellschaft bewusst den Rücken gekehrt, um am Grunde der Wirklichkeit als Selbstversorger in der kärntnerischen Provinz zu leben. Ein hartes Leben ist das, oft am Rande des Ruins. »[Man] lernt es bald und gründlich, die anonyme Diktatur des Geldes nicht mehr als die oberste Instanz anzuerkennen.« Der Preis für diese Erfahrung ist der Verzicht auf jeglichen Komfort: Jahrzehnte lebt die Familie ohne Strom, ohne fließend Wasser im Haus. Was sie essen wollen, müssen sie selbst anbauen, sie pflügen, ernten, kümmern sich um das Vieh, machen Holzarbeit. »So wenige nur können begreifen, dass ich leben und alle Spannungen des Lebens in mir spüren möchte, und dann erst das Malen sich bilden soll«[7], schreibt Werner Berg 1934. Unter diesen Umständen überhaupt noch die Kraft und die Zeit zum Malen aufzubringen, ist eine Herausforderung, und doch besteht gerade darin für ihn die essenzielle Bedingung seines Schaffens.

Ohne die Frau an seiner Seite wäre dieses Leben nicht möglich gewesen. Der Rutarhof – das ist nicht zuletzt seine Ehe mit Mauki, mit der zusammen er fünf Kinder großgezogen hat. Und sosehr Mauki ihm als Künstler die Begeisterung für die Dichterin Lavant gönnt, leidet sie doch zunehmend unter der Dreiecksbeziehung.

Auch Christine Lavant ist nach wie vor verheiratet. Von Anfang an versucht Josef Habernig, ihr die Beziehung zu Werner Berg rigoros zu untersagen. Bereits zu Beginn des Jahres 1951, noch nicht einmal zwei Monate nach dem Kennenlernen, schreibt Christine Lavant in einem Brief an Werner Berg: »(…) wir müssen beide warten können, es muss und wird sich eine Lösung ergeben. Lebendig lässt mich H. H. [d. i. Herr Habernig] nicht von sich.«[8] In den folgenden fünf Jahren bleibt ihr keine andere Möglichkeit, als von den seltenen Treffen mit Werner Berg – auf dem Rutarhof, in Wolfsberg, in Klagenfurt – immer wieder in das eine Zimmer zurückzukehren, das sie noch immer mit dem über dreißig Jahre älteren Ehemann teilt, zu dessen Kränkung als Mann sich die Kränkung durch den konkurrierenden Künstler gesellt. Zeitweise spricht er nicht mehr mit ihr, verkehrt im Alltag nur noch über Zettel und siezt sie dabei. Ein Jahr später schreibt sie an Werner Berg: »Ich werde, wenn Du mich wirklich fallen läßt, ganz allein sein. Für den Menschen, neben dem zu leben ich gezwungen bin, bin ich kein Mensch mehr. Das hat er mir kalt u. gehässig erklärt mit dem Beisatz, daß er, wenn ich von ihm weggehe, einen Skandal macht, wie er noch nie da war.«[9]

Das tiefe Glück, das Christine Lavant und Werner Berg aneinander bindet, enthüllt seine janusköpfige Natur. Jedem Wiedersehen folgt eine Trennung. Briefe müssen an eine Freundin geschickt und dort abgeholt werden. Heimliche Treffen gibt es im Wald oder in geliehenen Wohnungen. Der Bahnhof, die Bushaltestelle, das sind für die zwei Liebenden, die fünfzig Kilometer entfernt voneinander in der österreichischen Einschicht wohnen, grundlegende Orte – der Sehnsucht, der Hoffnung, des Wartens, der Enttäuschung. Bei Werner Berg gibt es dunkle Bilder von Frierenden auf Bahnsteigen. Bei Christine Lavant die Gedichte dazu. Hungrig nach wirklicher Partnerschaft, erfährt sie, was es heißt, eine Geliebte zu sein. *Nur* eine Geliebte zu sein. Ein Großteil ihrer schönsten, bittersten Gedichte entsteht aus diesem Schmerz heraus.

> Der gelbe Autobus fährt immer noch
> dieselbe Strecke und so viele Menschen
> benützen ihn als wäre nichts dabei.
> Mir aber – wenn ich seine roten Lichter
> von rückwärts sehe – brechen fast die Augen
> aus ihren Höhlen und mein Herz knirscht auf
> so wie der Schnee durch den die Räder gehen.[10]

Sie, die sich mit so viel Ausdruckswillen und Zähigkeit aus Armut und Unbildung herausgearbeitet hat, die sich selbst die Freiheit genommen hat, *die* zu sein, die sie sein will, erlebt sich nun, als Liebende ohne Recht auf den Geliebten, erneut als Schuldige, als Bedürftige, erlebt sich als entmachtet – und begehrt dagegen auf, in Gedichten ebenso wie in ihren Briefen. In einem Text, der für Werner Berg bestimmt ist, aber nicht abgeschickt wird, schreibt sie: »Keine unserer Liebesstunden hast du begonnen oder beendet, ohne den Namen Deiner Frau auf den Lippen zu haben. Sicher brauchtest Du diesen Schmerz, soweit er Dir selbst zugefügt war, als eine Art Fegefeuer, um wieder gereinigt aus meinen Armen vor ihre Augen treten zu können. Was ich mit dem dadurch mir zugefügten Schmerz anfinge, diese Frage verging wie ein lauer Tropfen immer in dem brennenden Kummer, den Du um sie erlittest.«[11] Ohne ihr forderndes Wesen, ihren Stolz, ihren Zorn – ohne all jene Eigenschaften, mit denen sie die Demut, in die sie hineingeboren worden war, ihr Leben lang neutralisiert und unschädlich gemacht hat, wäre sie nicht die, die er liebt. Aber dennoch geht es in dieser Auseinandersetzung um ungleich mehr als um die Frage, wo der eine oder die andere den Hebel ansetzt. Werner Berg schreibt ihr: »Einen äußeren Weg zwischen uns weiß ich mir nimmer. Innen werde ich immer den zu Dir gehen, aber die Wege treffen sich nicht mehr im Endlichen.«[12] Das ist im April 1952, da haben sie noch drei gemeinsame Jahre vor sich. Der Enkel Werner Bergs, Harald Scheicher, erzählt von »mehreren Trennungen und Wiedervereinigungen, die die seelische Belastbarkeit der beiden Liebenden und nicht zuletzt Mauki Bergs bis an die Grenze des Irrseins beanspruchten«[13].

Lieber Gott, lass mir die Liebe.
Die mutige Liebe
zu der Stirne meines Geliebten
zu den süßen Äpfeln seiner Augen
zu den beiden Wangenhügeln
zu den Flügeln seiner Nase

zu seinem Lippenpaar
zu dem zu wenig geküssten Kinn
zu Hals und Schultern
die vor Lachen hüpfen konnten
wenn man sie streichelte.
Zu dem zärtlichen Wäldchen auf seiner Brust
und den beiden Beeren darin.
Zu all seinen Rippen
und jedem Schlag seines Herzens.
Und dreimal mutige Liebe
zu den Gegenden seiner Lenden
und dem Baume des Lebens darin.
Zu den kindlichen Kehlen seiner Kniee
zu all seinen Zehen
und noch einmal zurück hinauf
bis in die niemals vergessenen Haare.
Und dann die reinliche Liebe, o Gott,
gib mir zu allem diesen
und die wachhabende Liebe
die einsame Nächte überdauernde Liebe
die leidtragende Liebe.
Die Liebe zu seinen Ängsten
seinem bitterlichen Mißtrauen
dem Hohnschwert in seinen Augen
der unwahren Rede seines Mundes
und den Feigheiten seines Herzens.
(…)[14]

Und wenn es doch möglich wäre?

»Manchmal bin ich fast erschreckt, wie ähnlich wir uns innen sind«, schreibt sie 1952 an Werner Berg, »so als hätten wir dieselben Eltern und denselben Stern unserer Geburt. Bruder und Schwester könnten nicht gleichere Ängste, gleichere Bitterkeiten, gleicheres Kindlichsein und gleicheren Ernst in sich haben.«[15] Die Hingabe an den Moment und das Außer-sich-Sein, wie es Kinder im Spiel erleben, und Erwachsene es oft für immer vergessen, haben die beiden in ihrer Liebe gemeinsam. Die Fünfunddreißigjährige schreibt ihm: »Weißt Du, dass ich für mein Leben gern schaukle und Ringelspiel fahre?«[16]

Mit Werner Berg spricht sie in unzähligen Briefen über alles, was sie betrifft, in der Verspieltheit ebenso wie im Ernst, spricht über ihre Liebe – ebenso wie über Verlagsangelegenheiten, über ihr Warten, ihre Sehnsucht, aber auch über die Probleme ihrer Schwestern, über Arztbesuche, den Dorfalltag, über Reisepläne ebenso wie über Hoffnungen und Ängste. Oft schreibt sie ihm zwei- oder dreimal am Tag. Tippt die Briefe in die Maschine, während ihr Mann nicht zu Hause ist, und schreibt abends, wenn dieser schon schläft, im Stillen weiter: »Ich muss mit der Hand weiterschreiben, weil H. Habernig schon zu Bett gegangen ist.«[17] Und Werner Berg antwortet ihr ebenso häufig, selbst seine Schrift ist der ihren ähnlich, seine Briefe gibt er den Kindern auf den Schulweg zum Einwerfen mit, denn in der Nähe des Rutarhofs gibt es keine Poststelle. In Werner Berg findet

Christine Lavant jemanden, mit dem sie alles, was ihre Arbeit betrifft, beraten und überlegen kann. Mit ihm bespricht sie die Auswahl der Gedichte für den Band »Die Bettlerschale« – »es sind ja unsere Gedichte (…) Ist es nicht schön – soviel schön für mich!, dass wir so teilen miteinander. Es ist ja doch auch eine Art Zusammenleben, gelt?«[18] Sie, die ihm am Beginn gestanden hat, dass sie so gern schaukle, schreibt ihm nach anderthalb Jahren: »Du bist wirklich meine Herrgottsschaukel geworden, weisst Du das auch? Immer wieder von der Hölle in den Himmel!«[19] Im dritten Jahr der Beziehung schreibt sie: »Dass Du mir noch schreibst und noch so gut zu mir bist, das ist für mich wie ein festes Brett über schwarzes Wasser gelegt. Ich möchte so gern hinüberkommen über mich selbst.«[20] Und vier Jahre nach der ersten Begegnung: »Für mich ist es jetzt so schön auf der Welt geworden und so einfach. Es scheint mir, als hätte ich das Elendigsein wirklich ganz verlernt. Es gibt gar nichts, was ich denken kann, ohne mich dabei zu freuen, daß ich lebe und Dich kenne. (…) Kann Denken und Empfindung und Überlegungen nimmer aufteilen wie für zwei Seelen. Ist keine Weite mehr da zwischen uns, kein für-Denken mehr möglich, bist immer bei mir und ich in Dir.«[21].

Ist unsre Liebe wirklich heimatlos?
Denk schöner nach, sieh alles besser ein;
weich war das Laub und sonnenwarm der Stein
und später einmal nimmt uns auf das Moos.

Dass wir gejagt sind, nimm das nicht so schwer.
Auch Vögel müssen alles flüchtig tun.
Und atemlang so ineinander ruhn,
Mund tief im Mund, stillt dich und mich viel mehr
als tausend Nächte Schlaf und Sicherheit.
Was ist ein Obdach gegen dieses Zelt,
das unsre Liebe rasch zusammenstellt
in jeder Landschaft und zu jeder Zeit?

Was nennst du Heimat? Denkst du an ein Haus?
Ich denk an Bergung schlicht von Leib zu Leib
und an der Seelen einigen Verbleib
lang über Lust und Stillung noch hinaus.[22]

Das Glück und die Verzweiflung sind immer beide gleichzeitig anwesend, oft in ein und demselben Brief miteinander verschwistert. »Leider bin ich wieder nicht schwanger, und es wird alle Vernunft brauchen, um mir auszureden, dass ich verflucht bin. Dein Kind hätte mich vor der äußersten Verlassenheit bewahrt. Aber Du wolltest ja auch keines. (…) Natürlich werde ich alles überstehen. Weil Überstehen ja sowieso das allgemeine Los hier auf Erden ist.«[23]

Werner Berg wird zwar nie aufhören, sie zu lieben, aber dennoch ist es undenkbar für ihn, das Leben auf dem Rutarhof aufzugeben. Immer öfter versucht er, Christine Lavant nur noch in Gesellschaft Dritter zu treffen. Der Druck, dem er von beiden Seiten ausgesetzt ist, zermürbt ihn. »Glaube nicht, ich habe mich davongemacht, wenn einfach die Wogen über meinen armen Schädel hinweggehen.«[24] Und sie?

Im Zeitungsstand sitzt eine gute Frau,
die lässt mich oft, auch wenn ich gar nichts kaufe,
das Horoskop fürs ganze Monat lesen
und fragt mich freundlich: »Ist es diesmal schön?«

Meist sag ich: »Danke ja, es geht noch an –«
Und sie erzählt dann, dass es bei ihr immer
aufs Haar genau – sie hat ein gutes Zeichen –
zusammentrifft und dass sie daran glaubt.

Voll Angst und Hoffnung geh ich von ihr fort
zum nahen Postamt, wo sie mich schon kennen;
wenn dort der Mann die Hand – er hat nur eine –
fast traurig hebt, bleibt nur die Angst bei mir.

Und diese folgt mir auch so wie ein Hund
zur Bahnhofsbank, wo wir dann Schwellen zählen,
bis aus dem letzten Zug die Menschen steigen,
viel fremde Menschen, die oft lustig sind.

Für dieses Monat sagt mein Horoskop,
es wäre möglich, dass ganz unerwartet
das Glück doch käme, wenn man nur geduldig
in sich gefestigt und bescheiden ist.

Das alles möchte ich wohl von Herzen gern
befolgen können, zähl deshalb die Schwellen,
als wär dies alles, was mich hergetrieben,
und der Herr Vorstand schaut barmherzig weg.[25]

In der Liebe zu Werner Berg erfährt Christine Lavant das größte Glück ihres Lebens – und zugleich das größte Unglück. Klarsichtig, wie sie ist, muss sie die Erkenntnis ihrer Weglosigkeit aushalten, ohne sich in Aberglauben oder religiöse Heilsbotschaften retten zu können.

Meine Augen, die beiden schwarzen Nägel
stecken nur mehr ganz locker in ihren Höhlen
seit auf den Seilen ihrer Blicke
Christus hinwegging und mein Geliebter.
(…)
Selbst bin ich nur mehr ein Spinngewebe
und hänge zwischen Sterben und Tod.
Alles Schwere habe ich den beiden mitgegeben.
Seele, Herz und Verstand.
Ob sie damit Handel treiben oder einfach alles verlieren
das frage ich nimmer, das trifft mich nicht mehr.
Denn seit ich so leicht bin, meiden mich Ängste und
Kummer
und zart wie ein Schleier weh ich dem Tod ins Gesicht.[26]

Es ist schwer, solange es dauert, aber es ist eine Tragödie, als es zu Ende geht. Mitte Januar 1955 noch hat Christine ihrem Geliebten geschrieben: »Ein Weltenraum aus Lieb ist über uns zwei. Das geht nie vorüber.«[27] Zehn Tage später versucht Werner Berg, sich das Leben zu nehmen. Er wird mit knapper Mühe gerettet, liegt aber mit verschiedenen Komplikationen ein Jahr lang im Krankenhaus.

Seine Frau verlangt von Christine Lavant, den Kontakt zu ihm ganz abzubrechen. »Mauki, ich bitte Dich, mir zu schreiben, ob Werner davon weiss, dass ich Dir hab versprechen müssen, ihm nicht mehr zu schreiben, und ob er damit einverstanden ist. Diese Klarheit, bitte! musst Du mir geben. Denn davon hängt mein ganzes Weltbild ab, jeder Glauben, jedes Vertrauen, jede Hoffnung. Ich werde Werners Willen achten, was immer er über mich verhängt.«[28]

In ihrer Verzweiflung über den Abbruch des Kontakts schickt Christine Lavant im März 1955 die für die »Bettlerschale« vorgesehenen Gedichte, ohne noch einmal Rücksprache mit Werner Berg zu halten, an den Otto Müller Verlag – und weiß, dass sie sich und ihn und ihre Liebe damit an die Öffentlichkeit ausliefert. An Mauki Berg schreibt sie wenig später: »Ich hab Nächte lang vor Reue und Angst geweint, weil ich mir wie eine Dirne vorgekommen bin und wie eine Mörderin und noch schlechter. Aber was soll ich denn mit den Gedichten tun. Dem Werner darf ich keine mehr schicken, das darf nimmer sein, und man kann nicht schreiben, wenn man weiss, dass es nie gelesen wird, es ist so wie zu einer

Mauer reden. Und wenn ich niemehr schreiben kann, was soll ich dann tun?«[29]

Im April 1955 schreibt sie ein letztes Mal an Werner Berg: »Ich weiss, dass Du mir niemehr schreiben wirst, aber bitte lass mich Dir meine Gedichte alle von Zeit zu Zeit schicken, ich werde sie immer in ein doppeltes Kuvert legen und das innere auch verschließen, so dass Dir kein Gedicht unfreiwillig in die Augen fällt. Du sollst sie nur lesen, wenn Du magst, sollst aber alle bei Dir haben.«[30]

Sie schickt ihm allerdings nie wieder ein Gedicht.

Sie hört auf, Gedichte zu schreiben.

Aus meinem Schälchen nahm mir über Nacht
– vielleicht ein Vogel? – meine eine Beere;
sie war sehr rot, nun staun ich in das leere
unnütze Ding. – O hätt ich doch gewacht!

Wie, wenn es nun gar nicht ein Vogel war,
sondern ein Tier, ein wildes, ohne Namen?
Und meine Seele nährt den bösen Samen
und kommt zur Welt als reißende Gefahr –?

Und kommt zu mir, wenn ich im hohen Wald
mit bittern Wurzeln meinen Hunger stille,
und starrt mich an und ist mein wilder Wille,
mein Herz von einst, in pelziger Gestalt.

Wie helf ich mir? Wen ruf ich da noch an?
Wer hört eins rufen, das so abseits nistet?
O hätt mich doch der Schlaf nicht überlistet,
als ich mein Herz für dich hinausgetan![31]

19

In Bleiburg / Pliberk, kurz vor der slowenischen Grenze, sehe ich die Bilder Werner Bergs in dem ihm gewidmeten Museum. Sehe in der oberen Etage Christine Lavant im düsteren Querformat, und im Erdgeschoß die Sonderausstellung zu Kiki Kogelnik, der Bleiburgerin, die in den Sechzigerjahren in New York Pop-Art zu machen begann und mit Roy Lichtenstein und Andy Warhol befreundet war. Werner Berg war oft auf dem Bleiburger Wiesenmarkt und hat dort die feiernden Bauern skizziert, sein »Theatrum Mundi« hat er diesen Rummel einmal genannt – abends ist er dann mit dem Rad nach Hause gefahren, auf den Rutarhof. In Bleiburg / Pliberk gibt es einen »Kulturni Dom«, ein Kulturhaus, aber auch ein »Grenzlandheim«. Seit der Ortsname endlich zweisprachig angeschrieben ist, habe die Situation sich beruhigt, sagt der Arzt und Maler Harald Scheicher, Enkel von Werner Berg. Ungefähr ein Drittel der Einwohner des Gemeindegebiets spricht Slowenisch. Hinter dem Streit um die Bezeichnungen, um die Sprache, um das, was Heimat und Heimatsprache ist, verbirgt sich eine lange Geschichte von Gewalt, Macht und Ohnmacht.

Ein Grund für Werner Bergs Ächtung während der Nazizeit waren die Bilder, auf denen er seine slowenischen Nachbarn gemalt hat. Auch während des legendären »Ortstafelstreits«, der sich über beinahe vierzig Jahre hinzog, hat er sich Anfang der Siebzigerjahre klar zu den Slowenen bekannt und ist dadurch bei den deutschsprachigen Mitbürgern in Misskredit geraten.

Während des Zweiten Weltkrieges waren slowenische Männer von den deutschen Besatzern zwangsrekrutiert worden, ihre Frauen und Kinder wurden in KZs deportiert. Die kommunistischen Tito-Partisanen der Jugoslawischen Volksbefreiungsarmee kämpften aus dem Untergrund gegen die Deutschen, aber auch gegen die Ustascha-Faschisten, die auf dem von ihnen kontrollierten Territorium, dem sogenannten »Unabhängigen Staat Kroatien«, eigene KZs einrichteten und für den Tod hunderttausender Juden, Serben, Roma und Slowenen verantwortlich waren. Den Racheakten der Ustascha fielen gezielt Frauen und Kinder slowenischer Partisanen auch im Grenzgebiet zu Österreich zum Opfer. Die Front all dieser Kämpfe war nicht sichtbar, verlief durch die dörflichen Nachbarschaften. Am Ende des Krieges, als Titos Armee von den Alliierten anerkannt wurde und in Jugoslawien die Macht übernahm, kam es im Gegenzug zum Massaker von Bleiburg – zu Massenhinrichtungen von Ustascha-Leuten, von SS- und Wehrmachtsangehörigen, zu wilden »Säuberungen« durch Titos Leute und zu Todesmärschen, die von Bleiburg ihren Ausgang nahmen. Gedenkveranstaltungen für diese letzteren Opfer bewegen sich auch heute noch auf dem schmalen Grat zwischen Totengedenken und neofaschistischer Selbstbestätigung.

Ein kleiner Ort ist dieses Bleiburg, aber geladen mit Gewalterfahrungen bis in die Gegenwart. Übrigens, sagt Harald Scheicher, spiele heute Pussy Riot im Grenzlandheim, er selbst gehe nicht hin, aber er könne mir eine Karte beschaffen. Pussy Riot im Bleiburger Grenzlandheim? Vier Monate ist es gerade her, seit Putins Armee in die Ukraine einmarschiert ist. »Ukraina« heißt »Grenzland«. Auch das ein Bruderkrieg. Ein Grenzlandkrieg. Und schon sitze ich, die ich nur einen Ausflug nach Bleiburg machen wollte, um Werner Bergs Porträts von Christine Lavant zu sehen, im Grenzlandheim unter Kleinstädtern, Bauern, Kulturinteressierten von Bleiburg und Umgebung – und sehe Mascha, der es mit Tricks gelungen ist, über die russische Grenze zu kommen, um mit ihren Leuten eine Europatournee zu machen. Im weißen Kleid kommt diese Mascha auf die Bühne, eine mädchenhafte Gestalt wie aus einem Tschechow-Stück, allerdings mit Sturmhaube und klobigen schwarzen Schuhen, und dann dröhnen sie und ihre Band uns anderthalb Stunden die Ohren voll, dass wir ganz tief in die Grenzlandheim-Stühle gedrückt werden, wie unmittelbar vor dem Start einer Rakete. Gegeben wird die Punk-Legende vom schwachen Geschlecht, das so stark ist, dass es die Polizei austrickst, die Verhöre übersteht und sogar zwei Jahre im Straflager. Fuck Putin! Fuck Putin! Fuck Putin!, brüllen die Mädchen, und die Bürger von Bleiburg und auch ich müssen uns die Ohren zuhalten, weil die Revolution so laut ist.

In einem kleinen Ort in Unterkärnten, den ich zwei Wochen zuvor noch nicht einmal dem Namen nach kannte, haben sich mir im Laufe eines Nachmittags und Abends Gewalten gezeigt, die wie mit unterirdischen Tentakeln die Zentren und die Peripherien, die alte und die neue Zeit und, über die Grenzen hinweg, auch die europäischen Länder im Griff haben.

Als ich nachts aus Bleiburg / Pliberk fortfahre, denke ich an die Bilder Werner Bergs, die jetzt im Dunkel des Museums hängen. Denke an das Mondlicht, das aus seinen Landschaften eine Bühne macht. Eine Bühne für das, was im Traum, was im Schlaf geschieht – und im Wachsein als Ahnung anwesend bleibt. Denke an die Schneelandschaften, vor deren Hintergrund die schwarzen Äste der Bäume wie eine Schrift sind. Denke an seine Holzschnitte, Schwarz-Weiß sei eine »Steigerung der Farbe«[1], hat er einmal gesagt. Für den Umschlag ihres Gedichtbandes »Die Bettlerschale« hat Christine Lavant sich eines seiner Holzschnitt-Porträts gewünscht. Ich denke an die Silhouetten der Bauern, von ihm als Fortgehende gesehen, ihre Rücken sind in der Schwärze der Umrisse das, was ausgelöscht ist in der Landschaft. An die Eisschützen denke ich, die auf der leeren Fläche ein jeder mit seinem Schatten allein sind. Fremd schaut uns aus den Bildern von Werner Berg an, was wir zu kennen glauben.

20

Windstille. Morgenlicht. Kleine Fische im Wasser. Und am Schilfrand ein großer, toter Schlei, der über Nacht zu uns hingetrieben ist. Die Nachbarn zur Linken decken den Frühstückstisch. Hühner gackern. Rechts ist es still. Dort schlafen die Nachbarn wohl noch oder frühstücken drinnen. Ich fische mit einem Netz den toten Schlei aus dem Wasser und bringe ihn auf den Mist. Dann fange ich an zu lesen. Später sind von rechts die Kinder zu hören, sie spielen, streiten, beruhigen sich wieder, rennen herum, eins fällt hin und weint. Die Eltern trösten. Von links ist Hämmern zu hören. Irgendetwas stürzt zusammen. Mittagszeit. Links hört man den Klang von Besteck auf Porzellan. Rechts wird vor Beginn des Essens ein Segen gesungen. A-a-men. Nachmittagszeit. Ich lese. Ein Mann schwimmt von links nach rechts, später zurück. Er zieht ein grünes Luftkissen hinter sich her, damit er leichter gefunden werden kann, falls ihm etwas passiert. Die Brombeeren sind reif. Der Phlox braucht Wasser. Der Zinkeimer hat einen verbeulten Boden. Ich esse, was noch von gestern im Topf ist. Ich koche mir einen Kaffee. Wind kommt auf. Die Kinder des rechten Nachbarn fahren mit dem Boot auf den See hinaus. Eines hat eine Angel, die nur eine Schnur an einem Stock ist, ein Korken die Pose. Die anderen springen vom Boot ins Wasser und klettern wieder zurück ins Boot. Und wieder und wieder. Der die Angel hat, wirft sie bald hier ins Wasser, bald dort. Ich lese. Bis zum anderen Ufer fahren die Kinder hinüber, dort ist es so flach, dass es aus der Ferne aussieht, als gingen sie, die dort ausgestiegen sind, übers Wasser. Zum Abend kommen sie wieder zurück. Was laut war, wird wieder leise. Was aus den Häusern gekommen ist, zieht sich wieder in die Häuser zurück. Der Wind legt sich. Die Sonne, die in meiner Blickrichtung aufgegangen ist, steht eine Weile noch in meinem Rücken. Ein Schwanenpaar, das kürzlich fünf Junge hatte, hat jetzt nur noch zwei. Die weißgefiederten Eltern fahren aus dem Abendlicht, das auf dem Wasser liegt, in den Schatten, den die große Erle wirft, ihre beiden grauen Kinder zwischen sich, fahren wieder ins Licht, und in einen nächsten Schatten. Es dämmert, es wird dunkel. Ich schneide mir eine Scheibe Brot ab, schenke mir ein Glas Wein ein. Ich denke, früher war ich auch so ein Kind. Ich hole eine Lampe von drinnen, damit ich draußen weiterlesen kann.

Dann ist der Tag, den ich habe heraufkommen sehen, vergangen.

21

Was bleibt Christine Lavant nach der Trennung von ihrem Geliebten? Es bleiben ihr die Freunde, die Schwestern, es bleibt ihr das Briefeschreiben. An ihren Förderer und Freund Ludwig von Ficker schreibt sie Ende August 1955: »(…) ich [war] halbirrsinnig von einem Verlust, der mein ganzes Leben ein für alle Mal aus der Versorgung mit dem täglichen Brot der einfachen warmen Menschenliebe ausgeschlossen hat.«[1] An ihre Freundin Ingeborg Teuffenbach schreibt sie im gleichen Jahr: »(…) mein Gemüt kehrt sich immer mehr aufs Alleinsein zu und vor allem auf das einfache abgeschlossene Leben von früher. Meine Geschwister werden wieder meine Familie und ersetzen mir, so gut es geht, alle Wärme des Lebens. Das Schreiben fällt langsam von mir ab wie die äußerste dürre Haut einer Zwiebel.«[2] Das Gedichteschreiben ohne ein Gegenüber ergibt für Christine Lavant keinen Sinn mehr. An den jüdischen Religionsphilosophen Martin Buber wendet sie sich zum ersten Mal brieflich im März 1956, um ihn zu fragen, ob sie ihm die »Bettlerschale« schicke dürfe. »Die meisten Gedichte sind aus verzweifeltem Hochmut entstanden. Ich (…) bitte Sie, wenigstens einige der Gedichte zu lesen, und bitte Sie am allermeisten, mir zu schreiben (…), ob Sie mich für eine verlorene d. h. erstorbene tote Seele halten, oder ob sie glauben, daß es für alle – bis zum letzten Augenblick im Leibe – noch Rettung gibt.«[3]

Die Gedichtbände, die ab Ende der Fünfzigerjahre erscheinen, für die sie mit Preisen und Förderprämien bedacht wird, sind Zusammenstellungen jener Gedichte, die sie Jahre zuvor noch für Werner Berg geschrieben, die sie damals den Briefen an ihn beigelegt hat. An Ingeborg Teuffenbach schreibt sie: »Es ist viel schlimmer, keinen Mann und kein Kind zu haben, als nicht Dichten zu können. Und wenn ich das viel Schlimmere überstehen kann, dann werde ich auch das andere überstehen.«[4]

Bei einer Lesung lernt sie 1955 Thomas Bernhard kennen und freundet sich mit ihm an. Durch ihn wird sie auch mit Maja und Gerhard Lampersberg bekannt, denen wir Jahrzehnte später in Thomas Bernhards »Holzfällen«[5] wiederbegegnen werden. Bald gehört sie als verlässliche Freundin zu deren Tonhof-Kreis und pflegt einen vertrauten Briefwechsel vor allem mit Maja Lampersberg. »Nur eines muß ich Euch noch sagen, damit es keine Enttäuschung gibt. Ihr dürft, Ihr sollt mich bitte nicht als Christine Lavant mögen, denn mit der dürfte es aus sein. Gelt, Du weißt schon, wie ich das mein? Hoffentlich könnt Ihr Euch ganz auf die Christl umstellen, auf das schäbige Weible mit dem eisernen Schädl? – .«[6]

Sieht man von den Briefen ab, die sie seinerzeit an Werner Berg geschrieben hat, tritt in keinem anderen ihrer Briefwechsel neben ernsten Themen auch ihr Humor so zutage wie in diesem. »Du armer Grashupfer in der Turbine«[7] redet sie Gerhard Lampersberg in einem Brief an, und schreibt ein andermal, der Brief einer Bekannten erinnere sie »an die Reden Gautama Buddhas. Warum? Sag ich nicht! Sollen Euch nur die Finger und Zehen-Nägel vor Neugier herunterfallen!«[8] Auf dem Weg zu einer Geburtstagsfeier in Salzburg will sie beim Tonhof vorbeischauen und schreibt an Maja: »Sonst geht es mir gut. Meine Garderobe macht mir ungeheure Sorgen. Aas bleibt Aas, auch wenn man es in Seide kleidet.«[9]

Thomas Bernhard ist damals ein junger Mann. Von Anfang an hegt er große Zuneigung zur Lavant. Von einer Sizilienreise schreibt er ihr: »Meine liebe Christin', hast mich schon vergeßn? Ich Dich nicht. Ich hab Dich recht gern u. denk oft an Dich.«[10] Die Erstausgabe seines frühen Gedichtbands »In hora mortis« erscheint 1958 in demselben Verlag wie die ersten Gedichtbände Lavants – bei Otto Müller in Salzburg. Der ganze Duktus lässt die innere Nähe zur Lavant erahnen:

(...)
o Herr
der mein Gebet nicht will
und meine Klage frißt
im Rücken müder Sterne
reicher Äcker

finsterer Höfe
der mein Grab aufwirft
der mich erschlägt mit einem Beil
o Herr
(…)[11]

Christine Lavant schreibt an Maja Lampersberg: »Wenn Ihr dem Thomas schreibt, dann bitte schickt ihm viel ganz herzliche gute Wünsche von mir, er wird wohl viel Gutes brauchen, bei ihm fangt ja das Elend erst an.«[12] Dreißig Jahre später wird er es sein, der eine Auswahl der Gedichte Christine Lavants bei der Bibliothek Suhrkamp herausgibt – versehen mit einer knappen Vorbemerkung: »(…) es ist das elementare Zeugnis eines von allen *guten Geistern* missbrauchten Menschen als große Dichtung, die in der Welt noch nicht so, wie sie es verdient, bekannt ist.«[13]

Ihre Koexistenz mit Herrn Habernig, wie sie ihren Mann noch immer nennt, hat sich nach der Trennung von Werner Berg beruhigt, ist aber nach wie vor weit entfernt davon, eine echte Partnerschaft zu sein. Auch die Sorge um ihre Schwester Luise und deren Kinder stellt eine große Belastung für ihren Alltag dar. »Es ist ein auswegloses Elend, und durch die Kinder sind wir alle mit Ketten dran gebunden, ohne aber durchgreifend helfen zu können. Es ist wie ein Stein, der Tag und Nacht, und auch im Traum noch, auf mir liegt. Nie kann ich das vergessen, und nie kann ich mehr bis ins Herz hinein ruhig oder gar freudig sein«[14], schreibt sie 1957 an Maja Lampersberg.

1958 unternimmt sie dann diese eine große Reise ihres Lebens: nach Istanbul. Aber auch dort fühlt sie sich trotz der neuen Eindrücke »viel allein und verlassen«[15].

Mit dem deutschen Rechtsanwalt Gerhard Deesen, der sie als Dichterin bewundert und ihr anbietet, sie in Vertragsangelegenheiten zu beraten – ein Angebot, auf das sie nicht eingeht –, entwickelt sich ein reger Briefwechsel. An ihn schreibt sie: »Meine Schwäche bringt mich fast um. Nachts werde ich ein wenig lebendiger, alle meine Briefe sind Nachtbriefe. Sobald ich bei Tag niedersitze, fallen mir die Augen zu, und nur die Qual, meinen Leib aufrecht halten zu müssen, bringt mir bei, dass ich lebe.«[16] Seit vielen Jahren nimmt sie da schon Schlaftabletten. »Gift« nennt sie es selbst. 1962 schreibt sie mit bewundernswerter Lakonie an Deesen: »(…) nein – dichten werde ich wohl niemehr. Aber – ist das denn so wichtig? Wer Verödung od. Vertrottelung halbwegs geduldig erträgt, der ist auch kein Hund. Ich bin nicht besonders unglücklich. Heute nicht.«[17] Belastend ist es für sie allerdings, Jahr um Jahr auf die erneute Bewilligung der Unterstützungszahlung des Landes Kärnten angewiesen zu sein, obgleich sie doch kaum noch literarisch schreibt. Gerhard Deesen initiiert 1963 einen Freundeskreis, der ihr über einige Jahre hinweg Spenden zukommen lässt, damit sie sich einige bescheidene

Extrawünsche erfüllen kann: »Bücher, Schallplatten, einen Teppich«[18]. Unter den Spendern ist auch Heinrich Böll. Durch Deesen kommt sie mit der späteren Nobelpreisträgerin Nelly Sachs in Verbindung, die ihr schreibt: »Ihre Gedichte haben mich tief ergriffen.«[19]

22

Konnte sie sich bisher von Zeit zu Zeit vom anstrengenden Alltag mit ihrem Mann erholen, wenn er seine Töchter, die beide in Italien leben, besuchte, fallen diese Reisen Anfang der Sechzigerjahre, da ist er schon über achtzig, aufgrund seines schlechten Gesundheitszustandes weg. Sie pflegt ihn – und geht zum Briefeschreiben ins Kaffeehaus. An eine Freundin schreibt sie: »(…) bin oft zu krank, besonders die Augen. Auch seelisch. Da mein Mann Herzwassersucht hat u. vollkommen hilflos ist, kann ich nicht einmal so viel v. ihm weg, um mich behandeln o. operieren zu lassen.«[1] Ein Trost sind ihr der Neffe Armin Wigotschnig und Gertrud Lintschnig, in deren Haus sie ihre Wohnung hat.

Im Jahr 1964 stirbt Josef Habernig. Sie selbst erleidet einen Zusammenbruch und muss für einige Wochen ins Krankenhaus.

Durch die Krankheit ihres Mannes hat sie Otto Scrinzi, Arzt und Primarius im Klagenfurter Krankenhaus, kennengelernt und sich mit ihm angefreundet. Weiß sie nicht, dass er während der Nazizeit am Innsbrucker Institut für »Erb- und Rassenbiologie« gearbeitet hat? Oder sieht sie darüber hinweg, sie, die Vereinsamte, die der menschlichen Zuwendung so sehr

Bedürftige? Scrinzi bringt ihr Güte, Verständnis und Interesse entgegen, er ist ein anregender Gesprächspartner und schätzt die außergewöhnliche Sprachgewalt der Autorin. Aber er ist auch aktiver freiheitlicher Politiker; als Kandidat der 1984 von ihm gegründeten »National-Freiheitlichen Aktion«, die noch rechts von der FPÖ steht, wird er später sogar für die Bundespräsidentschaft kandidieren. Auch Lavants langjährige Freundin, die Lyrikerin und Kulturorganisatorin Ingeborg Teuffenbach, war während des Faschismus glühende Anhängerin der Nazi-Ideologie, stand durch ihre ersten Veröffentlichungen bei Baldur von Schirach, Joseph Goebbels und auch bei Adolf Hitler selbst in hohem Ansehen. In ihren Erinnerungen an Christine Lavant schreibt Ingeborg Teuffenbach: »Die Tagespolitik berührt sie [d. i. die Lavant] kaum, das zu Ende gegangene Hitlerregime sieht sie als eines der großen Unglücke an, die seit Bestehen der Welt die Menschheit heimsuchen. Meine eigene fehlgeleitete Jugendbegeisterung für dieses Regime (...) ist ihr, wie auch das Eingeständnis meiner Scham darüber, gleichgültig.« Christine Lavant reagiert laut Teuffenbach auf das Eingeständnis mit den Worten: »Solange der unreife Mensch sich noch nicht kennt, wie soll er da wissen, wer er wirklich ist?«[2]

Christine Lavant ist sich der Verbrechen der Nazis wohl bewusst. Nicht umsonst steht sie im Briefwechsel mit Martin Buber und auch mit dem jüdischen Dichter und Übersetzer Tuvia Rübner, der in Israel in einem Kibbuz lebt. An eine befreundete jüdische Autorin schreibt sie über die »Qualen, die Du u. Millionen Deiner Brüder u. Schwestern erleiden mussten. Schuld u. Scham u. Erbarmen darüber werden immer größer in mir.«[3] Die handschriftliche Widmung für Werner Berg in ihrem Gedichtband »Die unvollendete Liebe« lautet: »Die unvollendete Liebe einer hergelaufenen Zigeunerin (Judenstern und Kreuz) dem endlichen Vollender der Unendlichen«.[4]

Für Ingeborg Teuffenbach mag nach dem Ende des Krieges nicht nur das Talent Christine Lavants, sondern auch der Umstand, dass diese politisch vollkommen unbelastet ist, dazu beigetragen haben, dass sie die Verbindung suchte und hielt. Auch Otto Scrinzi profitiert von der Freundschaft mit der Dichterin. Er, ehemaliger SA-Sturmführer, und auch in der Nachkriegszeit politisch äußerst umstritten, fährt sie in seinem Auto zu Veranstaltungen und Preiszeremonien und sitzt dann neben ihr in der ersten Reihe. Er sagt ihr, er wolle ein Lavant-Archiv begründen, und bietet ihr deshalb die Aufbewahrung von Gedicht- und Prosamanuskripten an, für die sie in ihrer kleinen Stube nicht genug Platz hat. Und tatsächlich bewahrt er sorgsam auf, was von ihr womöglich vernichtet worden wäre, allerdings gründet er kein Archiv, sondern wird nach ihrem Tod diese Manuskripte für viel Geld verkaufen. Für sie aber ist und bleibt er zeitlebens ein Vertrauter. 1969 schreibt sie ihm:

»Bitte nehmen Sie meine wachsende Vereinsamung manchmal ins Gedächtnis.«[5] Vier Jahre vor ihrem Tod ist das, da ist sie Mitte fünfzig, ungefähr so alt, wie ich es jetzt bin. Für Otto Scrinzi schreibt sie in ihren letzten Lebensjahren noch einmal Gedichte.

Gesteinigt hänge ich am Lebensrand,
mich wohl entsinnend,
dass auch Sterne sinken.
Doch wer so dürstet,
möchte nichts als trinken,
und vor dem Absturz
krallt sich jede Hand,
Haltung erhoffend,
in die nächste Härte.[6]

Für ihn auch schreibt sie einen Text über ihre Ängste, darunter die von ihr »Ölberg-Angst« genannte: »Sie umfasst Alles, alle Schmerzmöglichkeiten physisch und psychisch jeglicher Kreatur. Dies zusammengeballt und jäh zuinnerst vergegenwärtigt ist die Essenz aller Lebensangst. (…) Dann die Sterbe- und Todesangst. Auch heilsschriftlich schon beschrieben und später ausgegraben im Ur-Gilgamesch.« Zuletzt nennt sie die »Angst vor dem Absterben lebendigen Leibes. Damit ist nicht das Altern gemeint, das kann ein harmonischer Naturvorgang sein und soll es auch sein. Es ist etwas, dessen man sich ununterbrochen – auch im Schlafe noch – bewusst ist, das man aber trotzdem nie richtig formulieren kann. Am ehesten ist es ein Gemisch aus Schuld, Entsetzen und Unvermögen.«[7]

Auch aus ihren späten Briefen und Texten spricht die Stimme einer Autorin, für die das Schreiben nie etwas Äußerliches ist, sondern Ausdruck einer schmerzhaften Suche nach Erkenntnis und Wahrhaftigkeit. »Die Brücke des Vertrauens (…) immer wieder zum Abgrund des Unheils aufreißen«[8] hat Werner Berg das zehn Jahre zuvor genannt.

Als die mit ihr befreundete Dichterin Hilde Domin Christine Lavant um einen Beitrag für einen Gedichtband bittet, in dem sie sowohl die Autoren der Gedichte mit Selbstinterpretationen als auch Literaturwissenschaftler mit ihren Analysen derselben Gedichte zu Wort kommen lassen will, lehnt Christine Lavant zunächst ab: »Mein Schreib-Schweigen ist Psychisch und Physisch bedingt u. geht bis zu den Wurzeln. Kann nicht mittun (…) Mach's ohne mich bitte! Und sei mir nicht bös. Mir graut es vor m. Gedichten u. eigentlich vor aller Kunst. Sie passt nicht zu mir, war ein unbegreifliches Zwischenspiel.«[9] Schließlich schickt sie doch einen einzigen Satz zu ihrem in dem Band abgedruckten Gedicht »Die Stadt ist oben auferbaut«. Sie schreibt: »Dies Gedicht ist, wie fast alle anderen meiner Gedichte, der Versuch, eine – für mich notwendige – Selbstanklage verschlüsselt auszusagen.«[10]

Die Analyse des Bonner Germanisten Beda Allemann, die sich an diese Zeilen anschließt, ist viereinhalb Seiten lang.

Im Dezember 1966 bezieht Christine Lavant eine von der Stadt geförderte kleine Wohnung im 6. Stock eines Klagenfurter Hochhauses, die ihr Freunde organisiert haben, um ihr ein komfortableres Leben zu ermöglichen. In der Nähe ihrer kranken Schwester Anni wollte sie sein, aber Anni ist noch vor ihrem Umzug gestorben. Die Neubauwohnung ist hellhörig, sodass sie Angst hat, mit dem Tippen der Schreibmaschine in ihren schlaflosen Nächten die Nachbarn zu stören. Das Klingeln des Telefons erschreckt sie. Der Ausblick auf die Koralpe fehlt ihr – und der tägliche Umgang mit den ihr vertrauten Menschen. »Ich bin sehr müd und tief innen traurig«[11], schreibt sie einem Freund. Von 1968 bis 1969 verbringt sie aufgrund ihres schlechten körperlichen Zustandes ein Jahr in einem Wolfsberger Pflegeheim, in dem ihre Nichte Sieglinde Lintschnig, die dort arbeitet und der sie sehr zugetan ist, sich um sie kümmern kann. Knapp über fünfzig Jahre alt ist sie da. Von dort aus kehrt sie in ihre Dachkammer nach St. Stefan zurück. Liegt tagsüber im Bett oder sitzt, wenn es ihr besser geht, im Schneidersitz darauf und liest, liest und strickt, raucht Zigaretten, Marke Players, isst kaum, trinkt schwarzen Tee. Wenn ihr das Heizöl für den kleinen Ofen ausgeht, schickt sie Dorfjungen mit Kanistern zur Tankstelle – und bezahlt sie für den Gang mit ein paar Zigaretten.

Die Briefe Lavants an Ingeborg Teuffenbach sind erhalten. Auch die Briefe Lavants an Martin Buber sind erhalten. Ebenso wie die Briefe Lavants an Tuvia Rübner. Nicht erhalten sind die Briefe Teuffenbachs, Bubers, Rübners an Christine Lavant. Ich denke an Miezel, der ich in den späteren Jahren, als ich nicht mehr im Schloss wohnte, Postkarten aus allen möglichen Städten geschickt habe. Aber wenn ich zu ihr kam, war immer nur die letzte, die ich ihr geschickt hatte, ans Fenster ihres Küchenbuffets gesteckt. Wo sind die anderen, habe ich einmal gefragt. Da hat sie lächelnd auf ihr Ofenloch gezeigt und gesagt: Verheizt.

23

Ein junges Mädchen ist zur Kur an der Ostsee. Zwölf Jahre ist es alt, klein und spindeldürr. Die anderen gehen baden und bauen Sandburgen. »Um Gottes Willen, ich kann doch nicht Sandburgen bauen, wenn ich zwölf Jahre alt bin!«[1] Die Rettung des zwölfjährigen Mädchens vor dem Heimweh ist das Schreiben. Es setzt sich hin und beginnt die Arbeit an einem Roman.

Sechsundvierzig Jahre später, am 7. Juni 1973, stirbt Christine Lavant, erst achtundfünfzig Jahre alt, an einem Schlaganfall.

Trau der Mannschaft deines Seglers zu,
dass sie tüchtig aus der Trunkenheit
aufstehn könnte, jeder einzeln aufstehn,
jeder noch bis übers Kinn besoffen,
aber hingehn und das Seine tun!
Zwischen Sternen, die zum Teufel gingen,
ist es herrlich, selbst den Belzebuben
so im Leib zu haben wie die Kerle
deines gottverdammten Leichenkastens.
Glaubst du denn, der Wind trägt dich dorthin,
wo du hinwillst? – jeder Wind ist herrlich
und verwandt mit aller Teufelei!
Ach, für ihn bist du ein Taschenmesser,

das er einsteckt, ohne es zu merken,
wenn du durch und durch voll Vorsicht bist.
Deine Mannschaft, die du bündeln willst
und aus ihrem Rücken Riemen schneiden,
schnitzt für dich aus einer Erdnußschale
noch ein viel zu großes Rettungsboot.
Hau jetzt ab samt deiner Nüchternheit!
Dieses Schiff wird nie verständig werden –
melde oben bei dem Bootsverleiher,
daß wir brüllend und das Maul voll Suff
seine Sterne aus der Hölle holen.[2]

DANK

Für die Unterstützung meiner Arbeit an diesem Buch, seine unschätzbaren Hinweise und die intensive Anteilnahme am Entstehungsprozess möchte ich mich besonders herzlich bei Dr. Harald Scheicher bedanken. Außerdem gebührt all jenen, die schon seit langem mit Christine Lavant und ihrem Werk verbunden sind, großer Dank – allen voran Hans Schmid, Prof. Klaus Amann und Dr. Doris Moser. Ohne ihre Vorarbeit wäre dieses Buch nicht möglich gewesen. Dr. Hans Gasser, Dr. Katja Gasser sowie Herrn und Frau Lintschnig möchte ich herzlich für ihre Antworten auf meine Fragen und viele hilfreiche Hinweise danken. Dr. Wolfgang Ferchl hat mich in bewährter Weise mit seinem Rat unterstützt. Bei der Lektüre von Originalquellen war mir das Österreichische Nationalarchiv eine wichtige Hilfe, ebenso wie das Archiv im Robert-Musil-Institut Klagenfurt, das mir überdies, ebenso wie das Wolfsberger Museum im Lavanthaus, unvergessliche Einblicke in den Lebensalltag von Christine Lavant ermöglicht hat. Für die großzügige Einräumung des Zitatrechts bin ich den jeweiligen Rechteinhabern zu großem Dank verpflichtet. Besonders dankbar für die Unterstützung meiner Arbeit in jeder Hinsicht bin ich meinem Mann Wolfgang Bozic.

4. Juli 1915 Christine Thonhauser wird in Großedling bei St. Stefan im Lavanttal (Österreich) geboren. Sie ist das neunte und jüngste Kind des Bergarbeiters Georg Thonhauser und seiner Frau Anna, einer Flickschneiderin. Fünf Wochen nach der Geburt bekommt sie Skrofeln auf Brust, Hals und im Gesicht und erblindet beinahe.

1918 Erste Lungenentzündung, die später beinahe jedes Jahr wiederkehrt.

1919 Krankenhausaufenthalt in Wolfsberg, bei dem sie als nicht mehr lebensfähig angesehen wird.

1921 In der Volksschule in St. Stefan eingeschult.

1924 Krankenhausaufenthalt in Klagenfurt. Dr. Purtscher behandelt erfolgreich ihr Augenleiden und schenkt ihr einen Band mit Werken von Goethe.

1927 Lungentuberkulose und erneut Skrofulose. Durch Röntgenbestrahlung im Wolfsberger

Krankenhaus wird beides geheilt, allerdings erleidet sie starke Verbrennungen.
Erste Versuche, einen Roman zu schreiben.

1929 Sie beendet die Volksschule. Der daran anschließende Besuch der Hauptschule in Wolfsberg muss abgebrochen werden, da der Fußweg zu anstrengend für die Halbwüchsige ist. Überlegungen, sich mit Kupfervitriol zu vergiften.
Sie beschäftigt sich mit kleineren häuslichen Arbeiten, malt, schreibt, liest – und strickt.

1930 Sie besucht eine von geistlichen Schwestern geführte Haushaltungsschule in St. Pölten, bricht den Besuch dort aber ab und kehrt wieder nach Hause zurück.
Eine übersehene Mittelohrentzündung führt zu einer fast vollständigen Ertaubung eines Ohres.

1931 Erste schwere Depressionen. Sie beginnt zu dichten.

1933 Zwei ihrer Gedichte erscheinen in einer Zeitung.

1935 Nach einem missglückten Selbstmordversuch mit den Schlaftabletten der Mutter begibt sie sich auf eigenen Wunsch für sechs Wochen in die Nervenheilanstalt in Klagenfurt.
Durch Vermittlung der Familie Purtscher reicht

sie ihren überarbeiteten Roman beim Grazer Leykam Verlag ein.

1936 Trotz einer positiven ersten Reaktion sagt der Verlag ihr schließlich doch ab. Sie vernichtet alles bisher Geschriebene und gibt das Schreiben zunächst auf.

1937 Sie lernt ihren späteren Mann, den Kunstmaler Josef Habernig, kennen.
Der Vater stirbt.

1938 Die Mutter stirbt. Christine Thonhauser muss die elterliche Wohnung verlassen und zieht in eine Dachkammer beim Bergarbeiter Juri und dessen Frau. Sie verdient sich ihren Unterhalt durch Strickarbeiten und wird von ihren Geschwistern unterstützt.

1939 Der Versuch der ältesten Schwester, sie wieder ins »Irrenhaus« einweisen zu lassen, um ihre Heirat mit Josef Habernig zu verhindern, misslingt.
Christine Thonhauser heiratet den um 36 Jahre älteren Josef Habernig, der anschließend zu ihr in die Dachkammer zieht. Den Lebensunterhalt für beide bestreitet in den nächsten Jahren vorwiegend sie – durch Strickarbeiten.

1945 Christine Habernig beginnt im Herbst wieder zu schreiben – zunächst entsteht die Erzählung

Das Kind.
Eine Bibliothekarin leiht ihr Rilke-Gedichte.
Sie schreibt, dadurch angeregt, erstmals wieder Gedichte.
Durch Vermittlung der befreundeten Familie Purtscher kommt ein Treffen mit dem Verleger Viktor Kubczak, dem Gründer des Brentano Verlages, zustande.

1946 Bis März sind bereits an die 100 Gedichte entstanden.
Ab März findet der erste österreichische Euthanasie-Prozess in Klagenfurt statt.
Im Sommer schreibt Christine Habernig die Erzählung *Das Krüglein,* im Herbst die *Aufzeichnungen aus dem Irrenhaus.*
Sie bekommt eine Schreibmaschine geschenkt.

1948 Sie nimmt den Künstlernamen Christine Lavant an. Unter diesem Namen wird im Brentano Verlag in Stuttgart ein Bürstenabzug der Gedichtsammlung *Die Nacht an den Tag* gedruckt, der jedoch nicht erscheint.
Die Erzählung *Das Kind* erscheint im Brentano Verlag.

1949 Die Erzählung *Das Krüglein* und der Gedichtband *Die unvollendete Liebe* erscheinen im Brentano Verlag.

1950 Zusammen mit dem Ehemann Josef Habernig übersiedelt Christine Lavant in eine Dachkammer bei ihrer Freundin Gertrud Lintschnig.
Im November Lesung bei den St. Veiter Kulturtagen. Begegnung mit dem Maler Werner Berg. Beginn einer intensiven und, aufgrund der privaten Umstände, auch sehr schwierigen, fast fünf Jahre andauernden Liebesbeziehung.

1951 Besuche bei Werner Berg und seiner Familie auf dem Rutarhof. Es entstehen zahlreiche Porträts von ihr.

1951 Skandal in St. Stefan wegen der Erzählung *Das Krüglein*.
Christine Lavant stellt das Schreiben von Prosa ganz ein.

1952 Die Erzählungssammlung *Baruscha* erscheint im Grazer Leykam Verlag.

1954 Christine Lavant wird, zusammen mit drei anderen Autoren, der Georg-Trakl-Preis zugesprochen.

1955 Werner Berg unternimmt einen Selbstmordversuch. Christine Lavant muss sich auf Bitten von dessen Frau von ihm trennen.

1956 Die Gedichtsammlung *Die Bettlerschale* erscheint bei Otto Müller in Salzburg.
Staatlicher Förderungspreis für Lyrik und Lyrik-Preis der *Neuen deutschen Hefte*.
Die Erzählung *Die Rosenkugel* erscheint im Brentano Verlag Stuttgart.
Christine Lavant lernt Thomas Bernhard bei einer Lesung kennen und freundet sich mit ihm an. Dadurch auch freundschaftliche Beziehungen zum Tonhof-Kreis um den Komponisten Gerhard Lampersberg. Zahlreiche Besuche auf dem Tonhof.

1959 Die Gedichtsammlung *Spindel im Mond* erscheint im Otto Müller Verlag in Salzburg.

1960 Die Gedichtsammlung *Sonnenvogel* erscheint bei Horst Heiderhoff in Wülfrath.
Die Werk-Auswahl *Wirf ab den Lehm. Gedichte und Erzählungen,* herausgegeben von Wieland Schmied, erscheint beim Stiasny Verlag in Graz.

1962 Die Gedichtsammlung *Der Pfauenschrei* erscheint bei Otto Müller in Salzburg.

1963 Josef Habernig erleidet einen Schlaganfall und wird im Klagenfurter Landeskrankenhaus behandelt. Dadurch freundet sich Christine Lavant mit dem Primarius Otto Scrinzi an.

1964 Am 4. Oktober stirbt Josef Habernig. Christine Lavant hat einen Zusammenbruch und verbringt einige Wochen im Krankenhaus. Im November wird ihr zum zweiten Mal der Georg-Trakl-Preis verliehen – diesmal als alleiniger Preisträgerin.

1966 Lavant übersiedelt in eine von der Stadt geförderte Neubauwohnung nach Klagenfurt.

1967 Die Gedichtsammlung *Hälfte des Herzens* erscheint beim Bläschke Verlag in Darmstadt.

1968 Krankenheimaufenthalt in Wolfsberg. Danach wieder Rückübersiedlung nach St. Stefan.

1969 Erzählungsband *Nell* erscheint beim Otto Müller Verlag in Salzburg.

1970 Großer Österreichischer Staatspreis für Literatur.
Erneut Aufenthalt im Krankenheim Wolfsberg.

1971 Die Gedichtsammlung *Seventeen Modern German Poets*, erschienen bei Oxford University Press, enthält acht Gedichte von ihr – gleichrangig stehen sie neben Gedichten von u. a. Gottfried Benn, Bertolt Brecht, Ernst Jandl, Ingeborg Bachmann, Günter Grass, Nelly Sachs, Johannes Bobrowski, Hans Magnus Enzensberger, Paul Celan.

1972 *Gedichte* erscheinen beim Deutschen Taschenbuch Verlag in München. Krankenheimaufenthalt Wolfsberg.

7. Juni 1973 Christine Lavant stirbt, nachdem sie in ihrer Dachkammer in St. Stefan einen Schlaganfall erlitten hat, im Landeskrankenhaus Wolfsberg.

2

1. »Selbstdarstellung für den Dänischen Rundfunk«, in: Christine Lavant: »Werke«, hg. von Klaus Amann und Doris Moser im Auftrag des Robert-Musil-Instituts der Universität Klagenfurt und der Hans Schmid Privatstiftung © Wallstein Verlag, Göttingen 2020 (im Folgenden Gesamtausgabe genannt), Bd. 4, S. 689
2. Brief an Emil Lorenz vom 28.10.1950, Archiv der Österreichischen Nationalbibliothek, Wien (im Folgenden ÖNB genannt)
3. Brief an Emil Lorenz vom 28. 10. 1950, ÖNB
4. Brief an Emil Lorenz vom 12.12.1950, ÖNB

4

1. Brief an Maria Crone vom 14.5.1957, in: Gesamtausgabe, Bd. 4, S. 700
2. Aus der Erzählung »Gottes kleiner Finger«, in: Gesamtausgabe, Bd. 4, S. 99
3. Aus: Gesamtausgabe, Bd. 3, S. 202

5

1. Christine Lavant: »Spindel im Mond«, Otto Müller Verlag, Salzburg 1995
2. Ebd., S. 5

6

1. Brief an Emil Lorenz vom 6. 9. 1950, ÖNB
2. Brief an Nora Purtscher-Wydenbruck vom 5. 12. 1951, Robert-Musil-Institut / Kärntner Literaturarchiv Klagenfurt (im Folgenden RMI / KLA genannt), Sign. 78 / B35
3. Ebd.
4. Interview für den Österreichischen Rundfunk (1968), in: Gesamtausgabe, Bd. 4, S. 714
5. Radiointerview mit Lee Springschitz, zitiert nach »Steige, steige, verwunschene Kraft«, Verlag Ernst Ploetz, Wolfsberg 1978, S. 12
6. Knut Hamsun: »Das letzte Kapitel«, Verlag Th. Knaur Nachf., Berlin (West) 1950, S. 5
7. Brief an Nora Purtscher-Wydenbruck vom 5. 12. 1951, RMI / KLA, Sign. 78 / B 35
8. Brief an Frau Hansen vom 29. 4. 1957, in: Gesamtausgabe, Bd. 4, S. 694
9. Brief an Maja Lampersberg vom 22. 1. 1963, in: »Christine Lavant – Briefe an Maja und Gerhard Lampersberg«, Otto Müller Verlag, Salzburg / Wien 2003, S. 109
10. Interview für den Österreichischen Rundfunk (1968), in: Gesamtausgabe, Bd. 4, S. 714

7

1. Rainer Maria Rilke: »Archaischer Torso Apollos«, in: »Gedichte in Auswahl«, Insel Verlag, Leipzig 1957
2. Georg Büchner: »Dantons Tod«, II. Akt, 2. Szene
3. William Shakespeare: »Richard III.«, I. Aufzug, 2. Szene
4. Uwe Johnson: »Mutmassungen über Jakob«, Suhrkamp Verlag, Frankfurt am Main 1992, S. 7
5. Ingeborg Bachmann: »An die Sonne«, in: »Anrufung des

Großen Bären«, R. Piper & Co. Verlag, München 1983, S. 67
6. Friedrich Hölderlin: »Brot und Wein«, in: »Gedichte«, Reclam Verlag, Leipzig 1981, S. 132
7. Aus: »Die Bettlerschale«, in: Gesamtausgabe, Bd. 1, S. 205
8. Aus: »Die Spindel im Mond«, in: Gesamtausgabe, Bd. 1, S. 360
9. »Das Gilgamesch-Epos. Neu übersetzt und kommentiert von Stefan M. Maul«, C. H. Beck, München 2005, S. 135
10. Brief an Emil Lorenz vom 4. 9. 1950, ÖNB
11. Gesamtausgabe, Bd. 1, S. 584
12. Schwarzer Hirsch: »Ich rufe mein Volk«, Weltbild Verlag, Augsburg 1995, S. 197

8

1. Brief an Maria Crone, in: Gesamtausgabe, Bd. 4, S. 700
2. Antonia Kucher in: »Steige, steige, verwunschene Kraft« (s. o.), S. 111
3. Aus: »Das Krüglein«, in: Gesamtausgabe, Bd. 2, S. 130
4. Aus: »Baruscha«, ebd., S. 265 f.
5. Aus: »Das Krüglein«, ebd., S. 136
6. Aus: »Das Krüglein«, ebd., S. 164
7. Ebd.
8. Brief an Maja Lampersberg vom Dezember 1963, in: »Christine Lavant – Briefe an Maja und Gerhard Lampersberg« (s. o.), S. 122
9. Brief an Maria Crone, in: Gesamtausgabe, Bd. 4, S. 700

9

1. Gesamtausgabe, Bd. 3, S. 252

10

1. Brief an Nora Purtscher-Wydenbruck vom 19.4.1951, RMI/KLA, Sign. 78/B35
2. Brief an Nora Purtscher-Wydenbruck vom 6.4.1951, ebd.
3. Gesamtausgabe, Bd. 4, S. 411
4. Ebd., S. 378
5. Brief an Emil Lorenz vom 28.10.1950, ÖNB
6. Brief an Emil Lorenz vom 6.9.1950, ebd.
7. Interview für den Österreichischen Rundfunk (1968), in: Gesamtausgabe, Bd. 4, S. 713
8. Brief an Ludwig von Ficker vom Dezember 1956, zitiert nach: Gesamtausgabe, Bd. 3, S. 585
9. Bertolt Brecht: »Ballade über die Frage: Denn wovon lebt der Mensch?«, aus: »Die Dreigroschenoper«, II. Akt, in: Werke. Große kommentierte Berliner und Frankfurter Ausgabe, Bd. 2: Stücke 2. © Bertolt-Brecht-Erben / Suhrkamp Verlag
10. Aus der Erzählung »Das Sieben-Rosen-Tuch«, in: Gesamtausgabe, Bd. 4, S. 385
11. Aus der Sammlung »Sonnenvogel«, in: Gesamtausgabe, Bd. 1, S. 406

11

1. »Das Kind«, in: Gesamtausgabe, Bd. 2, S. 7
2. »Das Krüglein«, ebd., S. 53
3. »Aufzeichnungen aus dem Irrenhaus«, in: Gesamtausgabe, Bd. 4, S. 283
4. Ebd., S. 326
5. Ebd., S. 345
6. Ebd., S. 294
7. Ebd., S. 310 f.

8. Aus Anhang zu Christine Lavant: »Aufzeichnungen aus dem Irrenhaus«, Wallstein Verlag, Göttingen 2016, S. 116
9. Selbstdarstellung für den Dänischen Rundfunk, in: Gesamtausgabe, Bd. 4, S. 689
10. Aussage von Erich Kucher im Nachwort zu Christine Lavant: »Das Kind«, Wallstein Verlag, Göttingen 2015, S. 88
11. Rede des Bischofs von Galen vom 3. August 1941, Online-Leseraum der Universität Innsbruck
12. Ebd.
13. Gesamtausgabe, Bd. 4, S. 292
14. Aus dem Gedicht »Sind das wohl Menschen?«, in: Gesamtausgabe, Bd. 1, S. 156
15. Nadja Danglmaier, Helge Stromberger: »Orte der nationalsozialistischen Gewalt in Klagenfurt«, Website: erinnern.at, S. 69, siehe auch Helge Stromberger: »Die Ärzte, die Schwestern, die SS und der Tod«, Drava Verlag, Klagenfurt 2002
16. Aus Anhang zu Christine Lavant: »Aufzeichnungen aus dem Irrenhaus«, Wallstein Verlag, Göttingen 2016, S. 110
17. »Aufzeichnungen aus dem Irrenhaus«, in: Gesamtausgabe, Bd. 4, S. 324
18. Brief an Gerhard Deesen vom 5. 7. 1962, im Nachwort zu »Aufzeichnungen aus dem Irrenhaus«, Wallstein Verlag, Göttingen 2016, S. 112

12

1. Gesamtausgabe, Bd. 3, S. 125
2. Erzählt bei einem Treffen am 6. 7. 2022 in Wien.

13

1. Brief an Paula Purtscher, zitiert in »Steige, steige, verwunschene Kraft« (s. o.), S. 18
2. Aus: »Hanna«, unveröffentlichtes Typoskript, RMI / KLA, Sign. PM190, S. 7
3. Ebd., S. 13 f.
4. Ebd., S. 21
5. Brief an Gertrude Purtscher-Kallab, in: Gesamtausgabe, Bd. 4, S. 801
6. Brief an Paula Purtscher von 1946, ebd.
7. »Tagebuch«, unveröffentlichtes Typoskript, RMI / KLA, Sign. W38, S. 4
8. Ebd., S. 5
9. Aus dem Gedicht »Wirf ab den Lehm, nimm zu an Hauch«, in: Gesamtausgabe, Bd. 1, S. 360
10. »Tagebuch«, unveröffentlichtes Typoskript, RMI / KLA, Sign. W37, S. 4
11. Natascha Wodin in »Erinnerungen an Wolfgang Hilbig«, Verlag Das Wunderhorn, Heidelberg 2008, S. 20
12. Aus dem Brief »Herz-Zeichnung« an Ingeborg Teuffenbach vom 22.6.1948, in: Gesamtausgabe, Bd. 4, S. 669
13. »Schüchtern heb ich mein Gesicht«, unveröffentlichtes Gedicht, eingelegt in Brief an Emil Lorenz vom 12. 10. 1950, ÖNB
14. Brief an Nora Purtscher-Wydenbruck vom 11. 8. 1951, RMI / KLA, Sign. 78 / B 35
15. Uwe Kolbe in »Erinnerungen an Wolfgang Hilbig« (s. o.), S. 55
16. Brief an Nora Purtscher-Wydenbruck vom 21.2.1958, RMI / KLA, Sign. 78 / B35

17. Brief vom 26.10.1959, in: »Briefe an Maja und Gerhard Lampersberg« (s.o.), S. 44
18. Dankesrede für den Hörspielpreis der Kriegsblinden 1959, online abgerufen unter WordPress.com

14

1. Brief an Maria Crone vom 14.5.1957, in: Gesamtausgabe, Bd. 4, S. 703
2. Ebd., S. 704
3. Aus dem Brief »Herz-Zeichnung« an Ingeborg Teuffenbach vom 22.6.1948, in: Gesamtausgabe, Bd. 4, S. 676f.
4. Gesamtausgabe, Bd. 4, S. 812

15

1. Interview mit Armin Wigotschnig, 1987, zitiert aus Nachwort zur Gesamtausgabe, Bd. 2, S. 790
2. Aus: »Kubinchen«, in: Gesamtausgabe, Bd. 4, S. 510
3. Brief an Ernst Lorenz vom 22.9.1950, ÖNB
4. Brief an Ingeborg Teuffenbach vom 26.5.1953, in: »Herz auf dem Sprung« (s.o.), S. 97
5. Brief an Ernst Lorenz vom 12.12.1950, ÖNB
6. Brief an Emil Lorenz vom 14.9.1950, ÖNB
7. Brief an Maja Lampersberg vom Dezember 1957, in: »Briefe an Maja und Gerhard Lampersberg« (s.o.), S. 18
8. Brief an Maja Lampersberg vom 19.9.1961, ebd., S. 63
9. Aus der Sammlung »Spindel im Mond«, in: Gesamtausgabe, Bd. 1, S. 341

16

1. Brief an Paula Purtscher vom 15.12.1945, zitiert nach »Steige, steige, verwunschene Kraft« (s. o.), S. 17
2. Brief an Ingeborg Teuffenbach vom 23.11.1948, in: »Herz auf dem Sprung« (s. o.), S. 44
3. Brief an Ingeborg Teuffenbach vom 23.11.1948, ebd., S. 45
4. Interview für den Österreichischen Rundfunk (1968), in: Gesamtausgabe, Bd. 4, S. 720
5. Reiner Kunze: »lindennacht«, S. Fischer Verlag, Frankfurt Main 2007, S. 88 f.
6. Aus der Sammlung »Die Bettlerschale«, in: Gesamtausgabe, Bd. 1, S. 151
7. »Aus jäh erleuchtetem Blau«, Sammlung »Der Pfauenschrei«, in: Gesamtausgabe, Bd. 1, S. 451
8. »Ich bin lau und ausgespieen«, ebd., S. 436

17

1. »Ach schreien, schreien, – eine Füchsin sein«, Typoskript, RMI / KLA, Sign. 1 / W2 / 5
2. Ebd., Sign. 1 / W2 / 4
3. Typoskript, RMI / KLA, Sign. 1 / W2 / 3, siehe das ganze Gedicht »Ach schreien, schreien! – Eine Füchsin sein« auch in der Sammlung »Die Bettlerschale«, in: Gesamtausgabe, Bd. 1, S. 167
4. Interview für den Österreichischen Rundfunk (1968), in: Gesamtausgabe, Bd. 4, S. 714

18

1. Brief Werner Berg (im Folgenden WB genannt) an Christine Lavant (im Folgenden CL genannt) vom November 1950, zitiert nach: Gesamtausgabe, Bd. 3, S. 558 f.
2. Gedicht vom 15. 2. 1951, in: Gesamtausgabe, Bd. 3, S. 325
3. CL an WB am 2. 12. 1950, RMI / KLA
4. Ebd.
5. Ebd.
6. Eingelegt in einen Brief an WB vom 6. 6. 1951, in: Gesamtausgabe, Bd. 3, S. 342
7. Harald Scheicher: »Werner Berg – Rutarhof«, Hirmer Verlag, Bleiburg / Pliberk 2023
8. CL an WB am 4. 1. 1951, RMI / KLA
9. Ebd.
10. Gesamtausgabe, Bd. 3, S. 195
11. Unveröffentlichtes Typoskript, RMI / KLA, Sign. W27, S. 1
12. WB an CL am 26.4.1952, RMI / KLA
13. Harald Scheicher: »Werner Berg – Wirklichkeit im Bildhaften«, Hirmer Verlag, München 2016, S. 234
14. Gedicht vom 1. 1. 1952, in: Gesamtausgabe, Bd. 3, S. 350
15. CL an WB am 28. 6. 1952, RMI / KLA
16. CL an WB am 17. 12. 1950, RMI / KLA
17. CL an WB am 4. 1. 1950, RMI / KLA
18. CL an WB am 25. 8. 1952, RMI / KLA
19. CL an WB am 24. 4. 1952, RMI / KLA
20. CL an WB am 15. 1. 1954, RMI / KLA
21. CL an WB am 24. 11. 1954, Archiv Werner Berg
22. Gedicht eingelegt in Brief an WB vom 21. 4. 1951, in: Gesamtausgabe, Bd. 3, S. 336
23. CL an WB am 28. 4. 1952, RMI / KLA

24. WB an CL am 14.8.1952, RMI/KLA
25. Gesamtausgabe, Bd. 3, S. 225
26. Ebd., S. 198
27. CL an WB am 14.1.1955, RMI/KLA
28. Brief an Mauki Berg vom 5.3.1955, Archiv Werner Berg
29. Brief an Mauki Berg vom 24.3.1955, Archiv Werner Berg
30. CL an WB am 7.4.1955, RMI/KLA
31. Aus der Sammlung »Die Bettlerschale«, in: Gesamtausgabe, Bd. 1, S. 86

19

1. Aus »Zu den Holzschnitten«, in: »Werner Berg«, hg. von Harald Scheicher, Ritter Verlag, Klagenfurt 1988, S. 191

21

1. Aus Anhang zu: »Aufzeichnungen aus dem Irrenhaus«, Wallstein Verlag, Göttingen 2021, S. 128
2. Brief an Ingeborg Teuffenbach vom 10./11.4.1955, in: »Herz auf dem Sprung« (s. o.), S. 99 f.
3. Brief vom 9.3.1956, zitiert nach einem Sonderexemplar des bislang nicht veröffentlichten Projekts »Kommentierter Gesamtbriefwechsel Christine Lavants« von Ursula A. Schneider und Annette Steinsiek, Forschungsinstitut des Brenner Archivs, Innsbruck 2004
4. Brief an Ingeborg Teuffenbach vom 1. 11. 1955, in: »Herz auf dem Sprung« (s. o.), S. 102
5. Thomas Bernhard: »Holzfällen: Eine Erregung«, Suhrkamp Verlag, Frankfurt am Main 1988
6. Brief an Maja Lampersberg vom 16.1.1958, in: »Briefe an Maja und Gerhard Lampersberg« (s. o.), S. 21
7. Brief an Gerhard Lampersberg vom 28.5.1958, ebd., S. 40

8. Brief an Maja und Gerhard Lampersberg, ebd., S. 14
9. Brief an Maja Lampersberg vom 7. 7. 1961, ebd., S. 58
10. Thomas Bernhard an Christine Lavant, ebd., S. 154
11. Thomas Bernhard: »In hora mortis«, © Insel Verlag Frankfurt am Main 1987, S. 22. Alle Rechte bei und vorbehalten durch Insel Verlag Berlin
12. Brief an Maja Lampersberg vom 8. 8. 1957, in: »Briefe an Maja und Gerhard Lampersberg« (s. o.), S. 7
13. Christine Lavant: »Gedichte«, hg. von Thomas Bernhard, Suhrkamp Verlag, Frankfurt am Main 1988
14. Brief an Maja Lampersberg vom Dez. 1957, in: »Briefe an Maja und Gerhard Lampersberg« (s. o.), S. 17
15. Brief an Gerhard Lampersberg vom 5. 7. 1958, ebd., S. 34
16. Brief an Gerhard Deesen vom 10. 4. 1962, in: »Steige, steige, verwunschene Kraft« (s. o.), S. 115
17. Brief an Gerhard Deesen vom 30. 4. 1962, ebd., S. 115 f.
18. Gerhard Deesen in einem Schreiben vom 10. 2. 1978, ebd., S. 116
19. Nelly Sachs in einem Brief an CL am 21. Juni 1965, ebd., S. 38

22

1. Brief an Gertrude Rakovsky 1963, in: »Herz auf dem Sprung« (s. o.), S. 208
2. Ingeborg Teuffenbach: »Christine Lavant – Zeugnis einer Freundschaft«, Ammann Verlag, Zürich 1989, S. 158
3. Brief an Gertrude Rakovsky 1963, in: »Herz auf dem Sprung« (s. o.), S. 208
4. Archiv Werner Berg
5. Brief an Otto Scrinzi vom August 1969, in: »Steige, steige, verwunschene Kraft« (s. o.), S. 88

6. Gesamtausgabe, Bd. 3, S. 514
7. Brief an Otto Scrinzi vom 12.12.1963, ebd., S. 592 f.
8. WB an CL am 14.8.1952, RMI / KLA
9. Brief an Hilde Domin von 1966, in: Gesamtausgabe, Bd. 3, S. 604
10. »Doppelinterpretationen«, hg. von Hilde Domin, Fischer Taschenbuch Verlag, Frankfurt am Main 1986, S. 106 f.
11. Brief an Egon Wucherer, in: »Steige, steige, verwunschene Kraft« (s. o.), S. 63

23

1. Interview für den Österreichischen Rundfunk (1968), in: Gesamtausgabe, Bd. 4, S. 717
2. Aus der Sammlung »Die Bettlerschale«, in: Gesamtausgabe, Bd. 1, S. 136

Der Verlag Kiepenheuer & Witsch hat sich zu einer nachhaltigen Buchproduktion verpflichtet. Gemeinsam mit unseren Partnern und Lieferanten setzen wir uns für eine klimaneutrale Buchproduktion ein, die den Erwerb von Klimazertifikaten zur Kompensation des CO_2-Ausstoßes einschließt. Weitere Informationen finden Sie unter www.klimaneutralerverlag.de

In einigen Zitaten wurde die Zeichensetzung zugunsten der besseren Lesbarkeit behutsam korrigiert.

FSC
www.fsc.org
MIX
Papier | Fördert gute Waldnutzung
FSC® C083411

1. Auflage 2023

Covergestaltung: Barbara Thoben, Köln
Gesetzt aus der Minion Pro und Trade Gothic
Satz: Buch-Werkstatt GmbH, Bad Aibling
Druck und Bindung: CPI books GmbH, Leck
ISBN 978-3-462-00468-7